Rainer
Erlinger

Warum
die Wahrheit
sagen?

Rainer
Erlinger

Warum die Wahrheit sagen?

Dudenverlag
Berlin

Eine Notlüge ist immer verzeihlich. Wer aber ohne Zwang die Wahrheit sagt, verdient keine Nachsicht.« Es gibt viele Zitate über Wahrheit und Lüge, aber dieses von dem österreichischen Schriftsteller und Satiriker Karl Kraus gehört bestimmt zu den sympathischsten. Dass eine Notlüge immer verzeihlich ist, wer wollte das bezweifeln? Schließlich heißt sie nicht umsonst *Not*lüge. Not kennt kein Gebot, in einer Notsituation gelten nun einmal andere Regeln – oder eben bestimmte Regeln nicht. Wie etwa »Du sollst nicht lügen«. Wenn man ehrlich ist: So richtig sympathisch ist einem diese Regel im Gegensatz zu Kraus' Aphorismus sowieso nicht. Ja, natürlich ist sie richtig und gut. Aber dennoch: Sie hat so etwas Angestaubtes, fast Moralinsaures und klingt nach alten Tanten, die deutlich älter sind als alle Tanten, die man je hatte. Genau in diese Richtung zielt der gewiefte Satiriker Kraus auch, wenn er als Gegensatz zur verzeihlichen Notlüge jemanden nennt, der oder die »ohne Zwang die Wahrheit sagt«. Da ist der Spaß wirklich am Ende angekommen. Man denkt unwillkürlich an die Leute, die einem immer alles ins Gesicht sagen. Und eben keine Ausnahme verzeihen und keine Nachsicht üben. Schreckliche Menschen. Auch damit spielt Kraus: Verzeihen und Nachsicht sind etwas Positives. Etwas, das verzeihlich ist, ist menschlich, ebenso wie das Verzeihen selbst. Und das Lügen, die Notlüge zumindest, ist demnach offenbar nichts so Schlimmes. Was verzeihlich ist, ist eben genau das: verzeihlich. Nicht unverzeihlich.

Warum aber dann überhaupt die Wahrheit sagen, wenn die Lüge, zumindest in manchen Formen, verzeihlich zu sein scheint? Diese Frage stellen sich die Menschen im täglichen Leben häufig. Und wissenschaftlichen Untersuchungen zufolge entscheiden sie sich auch ziemlich häufig für die Lüge. Wobei die Spannbreite der Ergebnisse dieser Untersuchungen ziemlich groß ist. Sie reicht von ein bis zwei Lügen am Tag über durchschnittlich 1,75 Lügen in einem zehnminütigen Gespräch bis hin zu der etwas deprimierenden Behauptung, dass man etwa 200-mal am Tag belogen werde. Wie man zu solch unterschiedlichen Zahlen gelangen kann und welche wohl der »Wahrheit« entsprechen, ist ein anderes Thema. Wenig überraschend waren aber auch die individuellen Unterschiede groß: Bei den durchschnittlich 1,75 Lügen im zehnminütigen Gespräch logen 40 Prozent der Probanden gar nicht, während es die anderen 60 Prozent im Schnitt 2,92 Mal taten. Das wiederum deckt sich sehr gut mit der Lebenserfahrung, dass es Menschen gibt, die weniger lügen, und andere, die das viel mehr tun. Zum Teil viel, viel mehr.

Karl Kraus hat jedoch nicht umsonst die Notlüge für seinen Aphorismus herangezogen. Wenn ich zu Lügen und Wahrheit gefragt werde, geht es auch meistens darum: Wann ist eine Notlüge gerechtfertigt? Man könnte fast meinen, das Leben bestünde überwiegend aus Notsituationen. Notsituationen, in denen man noch dazu gezwungen ist, zu lügen. Gut, vielleicht ist das letztlich nur ein sprachliches Problem, weil es im Deutschen keinen guten anderen Ausdruck gibt. Im Englischen spricht man von *white lies*, »weißen Lügen« – das sind harmlose sozial gebotene Lügen, die niemandem schaden. Aber auch wenn sie im Einzelfall Kopfschmerzen bereiten können – wann darf man sich so aus der Affäre ziehen und wann nicht? –, ein echtes Problem sind weder die seltenen Notlügen noch die häufigen *white lies*.

Die Frage, warum wir die Wahrheit sagen und uns um sie bemühen sollen, reicht viel tiefer. Dabei geht es nicht darum, was man sagt, wenn einem ein Geschenk nicht gefällt, oder um andere »Notlügen«. Das alles hat zwar durchaus seine Berechtigung, aber es ist eben nicht der Kern des Problems.

Worum es in Wirklichkeit geht, ist die grundsätzliche Frage, welche Bedeutung die Wahrheit und sie zu sagen für unser Leben und unsere Gesellschaft haben. Das, was gerade weltweit in Bezug auf die Wahrheit und mit ihr oder mehr noch gegen sie passiert, bedroht die Grundfesten unseres Zusammenlebens. Fake News, absichtliche Falschdarstellungen oder deren gedankenlose Verbreitung sind nicht einfach nur lässliche Lügen, Ungenauigkeiten oder stehen auf einer Stufe mit den kleinen Lügen des Alltags. Dasselbe gilt für den endlosen Strom von Falschbehauptungen und Lügen, den manche Menschen rund um den Globus speziell im politischen Kontext ohne die mindesten Skrupel von sich geben. Das alles bleibt nicht ohne dauerhafte Wirkungen. Es legt, wie zu sehen sein wird, die Axt an die Wurzeln der Gesellschaft und der Demokratie. Hier gilt es aufzupassen. Das soll dieses Buch zeigen: Warum die Wahrheit wichtig ist für unser Leben und warum wir sie verteidigen müssen.

Wer etwas über Lügen hören will, braucht nur die Nachrichten einzuschalten. Wer aber wirklich etwas über Wahrheit und Lüge erfahren möchte, sollte Shakespeare lesen. Kaum ein Autor hat so meisterhaft die unterschiedlichen Facetten des Phänomens Lüge herausgearbeitet. Man denke nur an Jagos intrigante Lügen in *Othello* oder an die falschen Versprechungen und Schmeicheleien der Töchter König Lears, die ihren Vater dazu bringen, ihnen sein Königreich zu überlassen.

Vor allem zeigt Shakespeare die Konsequenzen auf, die Wahrheit und Lüge für das Leben haben beziehungsweise haben können. Bei ihm sind diese Konsequenzen meist sehr drastisch, üblicherweise ist es der Tod. In Shakespeares Tragödien liegen zum Schlussvorhang gerne die wichtigsten Protagonisten tot auf der Bühne.

So auch in *Othello*, dem Stück, das als der Klassiker schlechthin zum Thema Lüge gilt. Die zentrale Figur dort ist nicht der Feldherr Othello, sondern dessen Fähnrich Jago. Er ist die treibende Kraft des Stückes – nicht zuletzt hat er auch den größten Textanteil –, und seine treibende

Kraft basiert vor allem auf einem Mechanismus: Lüge. Nachdem Othello Jago bei einer Beförderung übergangen hat, beschließt der, sich an Othello zu rächen, indem er ein falsches Spiel spielt: »Wenn ich ihm diene, dien' ich nur mir selbst; Der Himmel weiß es! Nicht aus Lieb' und Pflicht, Nein nur zum Schein, für meinen eignen Zweck … Ich bin nicht, was ich bin.«

Für seine Rache möchte Jago Othello glauben machen, dessen Frau Desdemona betrüge ihn mit seinem Leutnant Cassio. Dazu arrangiert Jago durch Lügen und Intrige geschickt eine Reihe von Situationen, die den Verdacht in Othello keimen lassen. Höhepunkt ist ein Taschentuch, das Desdemona verloren hat – Othellos erstes Geschenk an sie. Jago bekommt es in die Hände und schiebt es Cassio unter, so dass Othello es bei dem ahnungslosen Leutnant findet. Othello sieht darin, wie von Jago geplant, den endgültigen Beweis für Desdemonas Untreue und erwürgt seine Frau im Eifersuchtswahn. Als er seinen Irrtum erkennt, bringt er sich um. Jago, der zuvor noch seine Frau Emilia getötet hat, wird dem Richter übergeben und erwartet sein Todesurteil.

Das grausige Ende ist eine klare Folge von Jagos Lügen. Sein Vorgehen stellt die Lüge in ihrer extremsten Form dar: Sie verfolgt einzig und allein das Ziel, dem Belogenen zu schaden.

Das unterscheidet Jagos Lügen von denen der beiden älteren Töchter König Lears. Diese erzählen und versprechen ihrem Vater, dass sie nur ihn lieben, mehr als alles andere und alle anderen auf der Welt. Das ist gelogen, wie sich sehr schnell herausstellt, nachdem Lear ihnen geglaubt und das Königreich übergeben hat. Denn sie kümmern sich fortan nicht weiter um ihn und schieben ihn buchstäblich aufs Altenteil. Anders als ihre Schwestern ist die jüngste Tochter Cordelia Lear gegenüber ehrlich gewesen und deshalb von ihm enterbt worden: »Nimm Deine Wahrheit dann zur Mitgift.« Dennoch hält sie, die Ehrliche, später zu ihrem Vater, nachdem die lügenhaften Töchter ihn bitter enttäuscht haben.

Die Lügen der älteren Schwestern dienen vor allem ihrem eigenen Vorteil: Sie haben es auf das Königreich abgesehen. Dass sie damit dem Vater und der jüngsten Schwester schaden, nehmen sie in Kauf, es ist aber, anders als bei Jagos Lügen, nicht ihr eigentliches Ziel.

Shakespeare zeigt in *König Lear* jedoch noch einen weiteren Aspekt der Lüge: die auffällige Bereitschaft, mit der Lear den falschen Beteuerungen seiner Töchter glaubt. Das süße Gift der Lüge wirkt. Objektiv gesehen sind die Beteuerungen der beiden vollkommen unglaubwürdig, wie Lears jüngste Tochter sehr deutlich macht. Cordelia lässt ihren Vater wissen, dass sie ihn liebt und immer lieben werde, aber eben nicht als einzigen Menschen. Als der enttäuschte Vater eine Erklärung fordert, erwidert sie mit einer Mischung aus Logik, Lebenserfahrung und gesundem Menschenverstand: Aus welchem

Grund hätten die Schwestern geheiratet und was für eine Ehe würden sie führen wollen, wenn sie denn ihr Versprechen ehrlich meinten, dass der Vater der einzige Mensch sei und bleiben werde, den sie je liebten? »Wozu den Schwestern Männer, wenn sie sagen, sie lieben Euch nur?«

Spätestens nach dieser Antwort sollte es Lear dämmern, dass ihm seine älteren Töchter etwas vormachen. Dennoch zieht er es offenbar vor, den Lügen zu glauben, vermutlich schlicht deswegen, weil sie die Erfüllung seiner Wünsche versprechen. Im weiteren Verlauf des Dramas gelangt Lear allerdings zu der Erkenntnis, dass er sich wohl besser früher der Wahrheit gestellt und nicht der Traumwelt der Lüge hingegeben hätte. Die Wahrheit hat nämlich gegenüber allen Lügen einen großen Vorteil: Sie ist wahr, sie entspricht der Realität.

Das klingt banal, aber so banal kann es nicht sein, sonst würden wir Menschen uns nicht immer wieder geradezu bereitwillig belügen lassen. So wie Lear, der gewissermaßen stellvertretend für diese offenbar weitverbreitete Bereitschaft steht. Wie verbreitet, zeigen nicht zuletzt die aktuellen politischen Entwicklungen mit dem Erstarken populistischer Parteien und Kandidaten. Mögen deren Versprechungen noch so unglaubwürdig sein, sie werden geglaubt. Der Wunsch – wie man die Welt gerne hätte – ist bekanntlich häufig Vater der Gedanken, im Falle der Lüge beim Lügner wie beim Belogenen. Allerdings entspricht eben nur die Wahrheit der Realität. Das ist ihr Alleinstellungsmerkmal: Es gibt eine beliebige Anzahl und Variation von Aussagen über etwas, aber nur eine davon, die Wahrheit, zeichnet sich dadurch aus, dass sie der Realität entspricht.

Die große Denkerin Hannah Arendt hat diese Überlegung in Bezug auf die Propaganda – die systematische, groß angelegte politische Lüge – ausgeführt:

> Denn das klarste Zeichen der Faktizität eines Faktums ist eben dies hartnäckige Da, das letztlich unerklärbar und unabweisbar alle menschliche Wirklichkeit kennzeichnet. Die Propagandafiktionen zeichnen sich dagegen stets dadurch aus, dass in ihnen alle partikularen Daten einleuchtend geordnet sind, dass jedes Faktum voll erklärt ist, und dies gibt ihnen ihre zeitweise Überlegenheit; dafür fehlt ihnen die unabänderbare Stabilität alles dessen, was ist, weil es nun einmal so und nicht anders ist.

Fast mehr noch als Wünsche sind es Ängste, die Menschen bereitwillig etwas glauben lassen. Ängste sind evolutionär tief verwurzelte Emotionen. Wie tief verwurzelt sie sind und wie wenig der Vernunft zugänglich, kann man beispielsweise daran sehen, dass Spinnen- oder Schlangenphobien auch heute noch stark verbreitet sind, wohingegen es praktisch keine Fälle von Automobilphobien gibt. Dabei übersteigt die Gefährlichkeit und Tödlichkeit von Autos die von Spinnen und Schlangen in modernen Gesellschaften um ein Vielfaches. Die gut hundert Jahre, die es das Auto gibt, sind jedoch nur ein Wimpernschlag in der langen Geschichte der Evolution. Über Millionen von Jahren war es äußerst ratsam und nützlich, sich von Schlangen und Spinnen fernzuhalten. Deshalb war es auch sinnvoll, Furcht vor ihnen zu entwickeln. Und noch etwas war sinnvoll: lieber einmal einer Warnung mehr zu glauben als einer zu wenig. Alles, was mit Ängsten verbunden ist, war oder ist in der Menschheitsgeschichte potenziell gefährlich. Und ein Mensch, der einer Warnung vor Gefahren, also vor dem, was seinen Ängsten entspricht, Glauben schenkt, hat größere Chancen, der Gefahr zu entkommen. Wer sich unbedingt erst einmal selbst überzeugen will, ob da auch wirklich ein Säbelzahntiger hinterm Busch lauert, wie man ihm erzählt hat, wird zwar nicht so leicht einem Betrüger aufsitzen, dafür aber womöglich das letzte Mal einen Blick riskiert haben.

Auch die Eifersucht, wie sie Othello verspürt, ist evolutionär von Bedeutung. Ganz abgesehen von der Angst, den geliebten Menschen zu verlieren, ist das Fremdgehen der Frau ein bedrohliches Szenario für den Mann. Würde es doch bedeuten, dass er nicht seine eigenen Gene weitergeben kann und trotzdem den elterlichen Aufwand – Ernährung, Schutz, Versorgung – betreiben muss.

Aber eben für fremde Kinder, biologisch gesehen das Problem der sogenannten »Kuckuckskinder«.

Jago handelt daher aus psychologischer Sicht klug, wenn er die Eifersucht Othellos als Ziel und zugleich Vehikel seiner Lügen auswählt. Hinzu kommt, dass er bei dem »Mohr« Othello als Schwarzem oder Mauren auch alte Kränkungen und Erfahrungen des Zurückgewiesenwerdens bedienen kann – ebenfalls eine gute Einfallspforte. So wollte Desdemonas Vater Brabantio die Verbindung seiner Tochter mit Othello unterbinden, weil dieser Schwarzer ist, und bezweifelte wegen dessen Hautfarbe sogar, dass seine Tochter freiwillig zu ihm gegangen sei: »Ob sie, ein allgemein Gespött zu werden, häuslichem Glück entfloh an solches Unholds pechschwarze Brust, die Grau'n, nicht Lust erregt?«

Über das Wissen, welche Lügen besonders gut verfangen, verfügen leider nicht nur Shakespeare, Jago und Sozialpsychologen, es gehört auch zum Standardrepertoire von Populisten und Produzenten von Fake News. Sie alle scheinen die Ängste der Menschen zu bedienen und dadurch erst recht zu bestärken. Nicht umsonst nannte eine der, wenn nicht *die* wichtigste Philosophin der Gegenwart, Martha Nussbaum, ihr 2018 erschienenes Buch zur politischen Krise *The Monarchy of Fear – Die Monarchie der Angst*. Doch zu Lüge und Politik später mehr.

Lügen, um anderen zu schaden, wirkt verheerend, das lehrt *Othello*. Lügen zum eigenen Vorteil stiftet ebenfalls Unglück, das zeigt *König Lear*. Beide Stücke tun dies eindrücklich und tiefgründig, leuchten die menschliche Seele aus, aber, wenn man ehrlich ist, nichts davon ist wirklich überraschend. Um zu diesen Erkenntnissen zu gelangen, muss man kein Genie wie Shakespeare sein und auch keines seiner Dramen gesehen haben. Insofern ist zum Thema Lüge vielleicht ein anderes seiner Stücke überraschender und interessanter, eines, an das man in diesem Zusammenhang nicht auf Anhieb denken würde: *Romeo und Julia*.

Romeo und Julia? Der Inbegriff der tiefen, von Herzen kommenden, ehrlichen Liebe, ein Lehrstück über die Lüge? Geht es darin nicht eher um die Kraft der Liebe, die sich nicht aufhalten lässt, und andererseits um die verheerende Wirkung des Nachtragens, der Feindschaft? Und dass die Liebe am Ende stärker ist?

Kurz zur Erinnerung: Romeo und Julia verlieben sich ineinander. Weil sie aus seit Langem verfeindeten Familien stammen – Romeo aus der der Montagues, Julia aus der der Capulets – und ihre Eltern einer Verbindung nie zustimmen würden, halten die beiden ihre Liebe verborgen und lassen sich heimlich von Bruder Lorenzo trauen. Der will ihnen helfen, hofft aber auch, dadurch die alte Feindschaft der Familien beenden zu können. Nachdem Romeo in einem der für diese Feindschaft typischen Kämpfe Julias Cousin Tybalt getötet hat, muss er aus Verona in die Verbannung nach Mantua fliehen. Als Julia in dieser Zeit gegen ihren Willen mit Paris verheiratet werden soll – die Eltern wissen ja nichts von der heimlichen Trauung –, will sie sich das Leben nehmen. Doch Bruder Lorenzo ersinnt einen Ausweg: Er gibt ihr einen Schlaftrunk, der sie für 42 Stunden in einen scheintoten Zustand versetzen wird. So entgeht sie der Hochzeit, während Lorenzo Romeo verständigen wird, damit der sie aus der Gruft nach Mantua holen kann. Julia willigt in den Plan ein, aber Lorenzos Brief erreicht Romeo nicht, weil Lorenzos Mitbruder Marcus, der den Brief überbringen soll, wegen eines Pestausbruchs nicht in die Stadt Mantua gelassen wird. Romeo ist also gänzlich unwissend, als ihm sein Diener Balthasar von Julias vermeintlichem Tod berichtet. Vollkommen außer sich, besorgt er sich Gift, um sich neben Julias Totenbett umzubringen. Vor der Gruft trifft er auf Paris, den offiziellen Verlobten Julias, der ihn davon abhalten will, die Gruft zu betreten, worauf Romeo ihn im Duell tötet. Als er dann die scheinbar tote Julia erblickt, nimmt er das Gift und stirbt. In diesem Moment wacht Julia auf, sieht den tatsächlich toten Romeo und ersticht sich mit dessen Dolch. Als der erschütterte Bruder Lorenzo den Angehörigen erklärt, was geschehen ist, versöhnen sich die Familienoberhäupter über dem toten Liebespaar.

Im Mittelpunkt des Stückes stehen hier nicht Lügen,

sondern die alte unversöhnliche Feindschaft als Ursache der Tragödie, wie der Fürst von Verona mahnt: »Capulet! Montague! Seht, welch ein Fluch auf eurem Hasse ruht, so dass der Himmel Mittel findet, eure Freuden mit Liebe zu töten!«

Fast übersieht man dabei die Tatsache, dass am Ende dieser Aspekt zwar der tiefere Grund für den tragischen Tod der beiden Liebenden sein mag, nicht jedoch der konkrete Anlass. Der nämlich ist die Verwirrung, die durch Lorenzos Täuschungsmanöver mit dem Schlaftrunk entstanden ist. Julia wird durch ihn *schein*tot, also nicht wirklich tot, sondern nur dem äußeren Schein nach. Ohne an dieser Stelle schon genauer in Definitionen einsteigen zu wollen – dazu später mehr –, kann man die Situation als eine Art Lüge, nicht durch Worte, sondern durch absichtliche Erweckung eines falschen Eindrucks ansehen. Und genau dieses Nicht-die-Wahrheit-Darstellen führt letztlich dazu, dass sich erst Romeo und dann Julia töten, also zum Tod ausgerechnet der Liebenden, zu deren Vorteil die Täuschung ja arrangiert worden war.

Betrachtet man das Herbeiführen des Scheintodes in diesem Sinne als Lüge, dann handelt es sich hier um eine dritte Form der Lüge. Nicht eine mit der Absicht zu schaden, wie im Falle Jagos in *Othello*, nicht eine mit der Absicht, sich selbst einen Vorteil zu verschaffen, wie bei den Töchtern in *König Lear*, sondern eine allein in der

Absicht, Gutes zu tun. Und dennoch liegen auch hier – als Folge der Lüge – am Ende die Protagonisten tot auf der Bühne.

Warum diese fatalen Konsequenzen? Es wirkt bei Shakespeare so, als laste ein Fluch auf der Lüge. Und dieser Fluch ist nicht der der bösen Tat, denn er trifft hier auch die gute, wohlmeinende Lüge. Doch wenn es so einen Fluch gibt, wo genau in der Lüge könnte dieser Fluch – neutraler formuliert, die Potenz der Lüge, Unheil zu stiften – liegen? Wenn man ihn nicht im Bereich des Magischen oder Sündhaften suchen will, muss er in der Struktur der Lüge zu finden sein. Und da drängt sich ihr Prinzip auf: das Auseinanderfallen von Realität oder wahrem Plan und dem, was vorgetäuscht wird.

»Ich bin nicht, was ich bin«, fasst Jago sein Vorhaben zusammen, sich an Othello durch lügenhafte Intrige zu rächen. Hier zeigt sich schon, wie virtuos Shakespeare mit dem Thema Lüge umgeht. In diesen kleinen unscheinbaren Satz packt er genau das: das Auseinanderfallen von Innen und Außen, die falsche Darstellung dessen, was in demjenigen vorgeht, der lügt. In *Romeo und Julia* setzt Shakespeare noch eins drauf und bringt eine neue Variante: das Schlafmittel, das Julia in einen scheintoten Zustand versetzt: »Ein jedes Glied, gelenker Kraft beraubt, soll steif und starr wie Tod erscheinen. Als solch ein Ebenbild des dürren Todes sollst du verharren zweiundvierzig Stunden.« »Wie Tod erscheinen«, »Ebenbild des dürren Todes« – das Auseinanderfallen von Anschein und Realität in Reinform. Und es ist genau diese Diskrepanz, nicht irgendeine Einflüsterung, die zum tragischen Ende führt.

Betrachtet man die drei Stücke *Othello, König Lear* und *Romeo und Julia* mit ihren drei Varianten der Lüge – der zum Schaden aus reiner Bosheit, der zum eigenen Vorteil und der, um anderen zu helfen – zusammen, könnte man sie fast für Illustrationen zu dem wohl bekanntesten und wirkmächtigsten Buch aller Zeiten über die Lüge halten: *De mendacio – Über die Lüge* des Kirchenlehrers Augustinus aus dem Jahr 395 n. Chr. Oder für dessen drastische dramatische Umsetzung.

In seinem Buch formulierte Augustinus nicht nur die bis heute gültige Definition der Lüge, sondern teilte die Lügen nach ihrem Schweregrad ein: 1. Lügen in Glaubensdingen, 2. Lügen, die niemandem nützen, aber jemandem schaden, also Lügen aus reiner Bosheit, 3. Lügen, die jemandem nützen, aber jemand anderem schaden, 4. Lügen aus Lust am Lügen, 5. Lügen rein, um zu unterhalten oder zu gefallen, 6. Lügen, die jemandem nützen und niemandem schaden, 7. Lügen, die niemandem schaden, aber ein Leben retten, und 8. Lügen, die niemandem schaden, aber »jemanden vor körperlicher Unreinheit bewahren« (womit Augustinus meint, zu verhindern, dass jemand sexuell missbraucht wird).

Lässt man den ersten Fall, die Lüge in Glaubensdingen, einmal außen vor – Augustinus hatte seine theologischen Gründe dafür, aber im täglichen weltlichen Leben zeigt sich das Problem nicht so drängend –, könnte etwas auffallen: Die Lügen aus Shakespeares Dramen wirken wie zugeschnitten auf Augustinus' Fälle. Jagos Lügen in *Othello* sind Lügen aus reiner Bosheit. Sie nützen niemandem und sollen nur Othello schaden. Sie stellen also die schwerste, verwerflichste weltliche Form der Lüge dar. Die Lügen von König Lears Töchtern sind Lügen, die ihnen nützen, Lear und der ehrlichen Tochter aber schaden. Sie sind eine Stufe darunter angesiedelt. Und schließlich die Lügen von Bruder Lorenzo aus *Romeo und Julia*. Sie sollen den Liebenden und den verfeindeten Familien nützen, ohne zu schaden. Ja, man könnte sogar einen Schritt weiter gehen: Das Vortäuschen von Julias Tod durch den Schlaftrunk sollte sie vor der von den Eltern befohlenen Ehe mit Paris bewahren. Die aber wäre, da Lorenzo ja Romeo und Julia vorher schon heimlich getraut hatte, ungültig gewesen und hätte Julia in der Hochzeitsnacht mit Paris der Gefahr der »körperlichen Unreinheit« ausgesetzt. Das Täuschungsspiel fällt also vielleicht sogar in die achte und damit nach Augustinus harmloseste Gruppe von Lügen.

Und dennoch führen nicht nur die Lügen in *Othello* und *König Lear*, sondern auch die harmlose Lüge in *Romeo und Julia* zum Tod der Protagonisten oder tragen entscheidend dazu bei. Jede Lüge ist verheerend, scheint Shakespeare zu zeigen. Und findet sich damit ganz auf der Linie von Augustinus. Der nämlich fügte seiner Liste noch eine zentrale Aussage hinzu. Mögen die Lügen auch unterschiedlich schwer und damit schlecht sein, so gilt doch für alle, auch die leichtesten: Sie sind falsch. Für Augustinus galt ein eherner Grundsatz: Man darf niemals lügen. Woher und warum diese Strenge? Die Antwort fand Augustinus theologisch: Jede Wahrheit ist ein Abbild der ewigen Wahrheit Gottes. Das Lügen stellt somit eine Entfernung von Gott dar, und der Teufel als Gegenspieler Gottes ist der Vater der Lügen:

> Es gibt keine Lüge, die nicht das Gegenteil der Wahrheit wäre. Denn wie Licht und Finsternis, Frömmigkeit und Gottlosigkeit, Gerechtigkeit und Unrecht, Sünde und Rechttun, Gesundheit und Krankheit, Leben und Tod, so sind Wahrheit und Lüge einander entgegengesetzt. Je mehr man deshalb die erstere liebt, umso mehr muss man die letztere hassen.

Das wirklich Faszinierende ist: Shakespeare zeigt dasselbe ohne den theologischen Hintergrund. Vielleicht ist es ein kleines Spiel, dass er gerade einen Kirchenmann, Bruder Lorenzo, die leichteste Lüge begehen lässt, denn Augustinus hatte betont, das Lügenverbot gelte besonders für Vertreter des Glaubens.

Unweigerlich fragt man sich an dieser Stelle, ob Shakespeare vielleicht das Buch *De mendacio* von Augustinus und die dort vertretene Einteilung der Lügen kannte. Historisch wäre es durchaus vorstellbar. Auf jeden Fall überträgt Shakespeare Augustinus' Verbindung von Gott und Wahrheit beziehungsweise von Teufel und Lüge ins Weltliche: Indem Schein und Sein, Vorgetäuscht und Real auseinanderfallen, entstehen Probleme, die dann zu den fatalen Folgen führen. Hannah Arendt hat es in dem Zitat auf S. 13 fast schon poetisch formuliert als »dies hartnäckige Da, das letztlich unerklärbar und unabweisbar alle menschliche Wirklichkeit kennzeichnet«. »Dies hartnäckige Da« bezeichnet nichts anderes als die Tatsache, dass sich die Wirklichkeit nicht weglügen lässt. Man kann eine Scheinrealität erzeugen, aber die hat immer das Problem, dass sie nicht wirklich existiert und nicht mit der Realität übereinstimmt. Zwischen der Scheinrealität der Lüge und der wirklichen Realität besteht zwangsläufig eine Lücke, in der sich die Protagonisten verfangen und in die sie stürzen können.

»Mind the gap« lautet die sprichwörtlich gewordene Ansage der Londoner U-Bahn, die vor dem Spalt warnt, der in den Stationen entsteht, in denen die Bahnhöfe und ihre Bahnsteige kurvenförmig sind, eine Krümmung, welche die geraden Züge und Waggons nicht mitmachen können. Die Ansage wird mittlerweile weltweit eingesetzt, die Berliner U-Bahn etwa benutzt eine zweisprachige Version: »Bitte beachten Sie beim Aussteigen die Lücke zwischen Zug und Bahnsteigkante! – Mind the gap between platform and train!«

»Mind the gap between lie and reality!«, möchte man das übertragen auf den Umgang mit der Wahrheit. »Bitte beachten Sie die Lücke zwischen Lüge und Realität!« Man will das Bild nicht zu weit treiben, aber es drängt sich hier fast auf. Im ersten Moment könnte man meinen, dass die Lüge zurechtgebogen ist, die Realität, die von der Wahrheit abgebildet wird, hingegen geradlinig und dass daraus dann die Lücke entsteht, ja, entstehen muss. Bei eingehenderer Betrachtung erkennt man aber, dass es genau umgekehrt ist. Hannah Arendt hat es wiederholt und auch in dem Zitat oben dargelegt. Es ist die Lüge, die zu gerade ist, weil sie künstlich hergestellt wird. Die Propagandafiktionen, die Lügen, zeichnen sich, so Arendt, »stets dadurch aus, dass in ihnen alle partikularen Daten einleuchtend geordnet sind, dass jedes Faktum voll erklärt ist, und dies gibt ihnen ihre zeitweise Überlegenheit«. Die Wirklichkeit dagegen ist von Zufällen und Unwägbarkeiten gekennzeichnet. Wie etwa der Pestausbruch, der verhindert, dass Bruder Lorenzos Brief Romeo erreicht, und so den Plan durchkreuzt. Die Wirklichkeit ist also das Kurvige, das sich an die konstruierte Lüge nicht anpasst, und ist umgekehrt so komplex, dass keine Lüge das je so nachbauen kann.

Im Grunde findet sich diese Lücke zwischen Lüge

und Realität oder der Unterschied in der Belastbarkeit zwischen Lüge und Wahrheit, wie ihn Hannah Arendt formuliert, auch in dem bekannten Sprichwort »Lügen haben kurze Beine«. Man wird dieses Sprichwort wohl am ehesten so interpretieren, dass die Wahrheit irgendwann ans Licht kommt. Und sich dann durchsetzt, weil sie eben, wieder in den Worten Hannah Arendts, über »dies hartnäckige Da« verfügt. Ein ähnlicher Satz ist als Fragment aus einem leider verschollenen Drama von Sophokles überliefert: »Es reicht zum Alter nimmermehr der Lüge Zeit«, mit anderen Worten: Lügen leben nicht lange. Denn, dazu noch einmal das Zitat von Hannah Arendt, »dafür fehlt ihnen die unabänderbare Stabilität alles dessen, was ist, weil es nun einmal so und nicht anders ist«.

In seiner Kurzgeschichte »Die Mauer« aus dem Jahr 1939 erzählt der französische Autor und Philosoph Jean-Paul Sartre eine Begebenheit während des Spanischen Bürgerkriegs. Eine Gruppe von drei Revolutionären, unter ihnen Pablo Ibbieta, wird von den Faschisten gefangen genommen und ohne Prozess zum Tode verurteilt. Bis zur Hinrichtung im Morgengrauen werden sie in eine feuchte kalte Kellerzelle gesteckt, wo ein belgischer Arzt ihre Todesfurcht wie an Studienobjekten beobachtet. Am Morgen hören sie die Salven der Erschießungskommandos, und die beiden anderen Verurteilten werden abgeholt. Ibbieta aber wird in ein Verhörzimmer gebracht und von zwei Offizieren nach dem Aufenthaltsort von Ramon Gris gefragt. Ibbieta leugnet jedoch zu wissen, wo sich Gris befindet. Daraufhin bieten sie ihm an, ihn freizulassen, wenn er Gris verrät: »Dein Leben gegen das seine (…). Wir lassen dich laufen, wenn du uns sagst, wo er ist.« Ibbieta bekommt Bedenkzeit und überlegt, dass und warum er Gris keinesfalls verraten will, obwohl er genau weiß, wo sich Gris versteckt hält, nämlich im Hause seines Vetters, vier Kilometer von der Stadt entfernt. Als sie ihn wieder hereinholen, macht Ibbieta eine Aussage. Er wisse, wo Gris sei. Wider besseres Wissen behauptet er, Gris habe sich auf dem Kirchhof versteckt, in einer Gruft oder einem Totengräberschuppen. Ibbieta sagt das aus einer Laune heraus: »Das war nur, um ihnen einen Possen zu spielen. Ich wollte sehen, wie sie hochgehen, sich ihre Koppeln umschnallen und mit eifrigen Mienen Befehle geben würden.« Eine halbe Stunde später kommt einer der Offiziere, die ihn verhört haben, »der kleine Dicke«, zurück. Ibbieta rechnet damit, nun dem Erschießungskommando übergeben zu werden. Stattdessen wird er zu seiner Verblüffung »entlassen«, das heißt zu den normalen Gefangenen gebracht, denen keine Erschießung droht. Von einem Mitgefangenen erfährt er am Abend, dass Ramon Gris geschnappt worden ist. Er hatte sich, was Ibbieta nicht wusste und auch nicht wissen konnte, mit seinem Vetter zerstritten und just auf dem Kirchhof versteckt, wo sie ihn tatsächlich im Totengräberschuppen fanden. Als Ibbieta das hört, beginnt sich alles um ihn zu drehen, und er findet sich auf der Erde sitzend wieder: lachend, dass ihm »die Tränen in die Augen kamen«.

Sartre spielt in der Geschichte mit der Belastungsgrenze des Menschen, in physischer wie psychischer Hinsicht. Vermutlich spielte er, der eine allgemeinverbindliche Moral ablehnte, auch mit der Frage, ob Ibbieta etwas falsch gemacht, ja womöglich Schuld auf sich geladen hat.

Er lässt demjenigen, der einfach so, »um einen Possen zu spielen«, gelogen hat, die Strafe zukommen, wider Willen einen Verrat begangen zu haben. Eine Strafe, die in keinem Verhältnis zu einer möglichen Schuld steht und deshalb die dahinterstehende Moral infrage stellt. Die Geschichte spielt aber noch mit etwas anderem, nämlich der Frage: Hat Ibbieta die Wahrheit gesagt? Hat er gelogen? Womöglich beides? Kann man denn lügen, indem man die Wahrheit sagt?

Um diese paradox wirkende letzte Frage zu beantworten, muss man sich damit beschäftigen, was genau eine Lüge eigentlich ist. Und wie so häufig, nicht nur in der Philosophie, kann man getrost sagen: Es ist kompliziert. Es gibt eine Reihe von unterschiedlichen Theorien und Definitionen, aber, ich hatte oben bei der Einteilung der Lügen schon einmal darauf hingewiesen, die nach wie vor verbreitetste Definition stammt von dem Kirchenlehrer Augustinus. In seinem Buch *De mendacio – Über die Lüge* aus dem Jahr 395 und 25 Jahre später, am Ende seines Lebens, in einem zweiten Werk, *Contra mendacium – Gegen die Lüge*, erklärte er:

> Die Lüge ist offensichtlich eine unwahre mit dem Willen zur Täuschung vorgebrachte Aussage.

Oder anders formuliert:

> Die Lüge ist eine unrichtige Zeichenkundgabe mit der Absicht des Täuschens.

Diese zweite Formulierung ist deshalb wichtig, weil sie nicht nur »Aussagen« – also etwas, das man sagt (oder schreibt) – einschließt, sondern mit »Zeichenkundgabe« wesentlich weiter gefasst ist. Hierunter lässt sich beispielsweise auch Desdemonas Taschentuch einordnen, zumindest soweit es Jago dazu nutzt, Othello ein Zeichen, in diesem Fall für Desdemonas Untreue, zu vermitteln.

In Sartres Kurzgeschichte aber geht es um einen anderen Teil der Definition: die Unwahrheit. Ibbieta hat ja zweifelsfrei eine Aussage gemacht, sogar im doppelten Sinne, er hat sie getroffen und gemacht. Wenn man Augustinus' Definition wörtlich nimmt, hat Ibbieta dabei nicht gelogen. Schließlich hat er eine wahre, keine unwahre Aussage getroffen. Also eine Aussage, die der Realität entspricht, auch wenn er eine andere Vorstellung von der Realität hatte. Das aber irritiert, denn seine Intention war es ja ganz klar, zu lügen. Sollte also die Frage, ob jemand lügt oder nicht, von äußeren Umständen, vielleicht sogar Zufällen abhängen und nicht von dem, was man innerlich beabsichtigt? Nein, so sah das auch Augustinus nicht, wie er wenige Seiten vor der schon zitierten Definition klarstellt:

> Nicht jeder, der die Unwahrheit sagt, lügt ja, wenn er glaubt oder meint, es sei wahr, was er sagt. (...) Jeder nun, der das ausspricht, was er entweder glaubt oder meint und so im Herzen trägt, lügt nicht, mag es auch unwahr sein. (...) Daraus folgt, dass man die Unwahrheit sagen kann, ohne zu lügen, wenn man meint, es sei so, wie man sagt, mag es auch nicht so sein, und dass man die Wahrheit sagen und dabei doch lügen kann, wenn man meint, es sei unwahr und es als wahr ausspricht, mag es auch in Wirklichkeit so sein, wie man es sagt. Nach seiner inneren Gesinnung, nicht nach der Wahrheit oder Unwahrheit des Sachverhalts selbst muss man ja beurteilen, ob einer lügt oder nicht lügt.

Danach ist klar: Ibbieta hat gelogen. Augustinus stellt ausdrücklich fest, »dass man die Wahrheit sagen und dabei doch lügen kann«. Diese Erklärung vom Urvater des Lügenverbots könnte einen leichten Trost für Ibbieta bedeuten. Denn seine Intention war es ja, zu lügen, und nur diese Intention, nämlich die faschistischen Schergen zu belügen, kann er mit seinem Gewissen als Revolutionär und Freund von Gris vereinbaren. Dass er auf diese Weise dennoch zu Gris' Verhaftung und damit Tod beigetragen hat, ist das grausame Spiel, das der Existenzialist und Moralkritiker Sartre mit seiner Kunstfigur spielt und weshalb er ihn am Ende lachen lässt, bis ihm die Tränen kommen.

Das wirklich Interessante an Sartres Geschichte für die Überlegungen hier ist, dass sie eines deutlich zeigt: Lüge und Wahrheit sind nicht einfach so und direkt verknüpft. Lüge ist nicht einfach das Gegenteil der Wahrheit. Was aber ist dann das Gegenteil von Lüge? Und was bedeutet dann umgekehrt die Aufforderung, die Wahrheit zu sagen?

Augustinus sah es folgendermaßen: »Man darf ja, soll die Aussage zuverlässig sein, nur das aussprechen, was man im Herzen trägt und so in sich hat, wie man es ausspricht.« Darum geht es also bei der Aufforderung, die Wahrheit zu sagen: Das zu sagen, was man für wahr hält. Das Gegenüber nicht über das zu täuschen, was man eigentlich meint. Noch einmal in den Worten Augustinus': »Daher spricht man ja auch von einem doppelten Herzen bei einem Lügner, will heißen von einem doppelten Gedanken, einmal an das, was wahr ist, wie er weiß oder meint, ohne es auszusprechen, und zweitens an das, was er statt dessen ausspricht, obwohl er weiß oder meint, dass es falsch ist.«

Wenn aber die Wahrheit nicht das Gegenteil der Lüge ist, wie es die häufig verwendete Kombination »Lüge und Wahrheit« nahelegt, was ist dann das Gegenteil? Diese Frage ist nicht nur von akademischem Interesse. Ein kluger lieber Freund, der 2014 leider verstorbene Münchner Rechtsphilosoph und Rechtslogiker Lothar Philipps, hat sich immer wieder mit Spiegelungen und

Symmetrien in der Logik und Argumentation beschäftigt. Von ihm habe ich den Rat bekommen, dass es für das Verständnis oft hilft, wenn man sich etwas umgekehrt vorstellt oder wenn man überlegt, was das Gegenteil von dem ist, worüber man gerade nachdenkt. Diese Vorgehensweise bietet sich besonders an, wenn man es wie im Falle von Wahrheit und Lüge mit einem Begriffspaar zu tun hat und das Phänomen, um das es geht, von diesem Paar aufgespannt wird. Oder eben nicht aufgespannt wird, wenn es gar nicht das richtige Begriffspaar ist, um das Problem zu umfassen. Was also ist das Gegenteil der Lüge? Die Antwort darauf findet sich beim zweiten Vertreter eines absoluten Lügenverbots nach Augustinus: Immanuel Kant. Er führt den Gedanken von Augustinus weiter:

> Es kann sein, daß nicht alles wahr ist, was ein Mensch dafür hält (denn er kann irren); aber in allem, was er sagt, muß er wahrhaft sein (er soll nicht täuschen) (...). Die Übertretung dieser Pflicht der Wahrhaftigkeit heißt die Lüge ...

Das wäre also das Gegenstück zur Lüge: Wahrhaftigkeit. Es ist ein etwas sperriger Begriff, auf jeden Fall sperriger als jener der Wahrheit, der viel schneller über die Lippen geht und viel eindeutiger erscheint. Und moderner, denn Wahrhaftigkeit klingt zugleich etwas angestaubt.

Obgleich es sich bei näherer Betrachtung umgekehrt erweist: Der Begriff der Wahrheit ist um vieles schwerer zu fassen – dazu später mehr. Was aber genau ist die Wahrhaftigkeit? Nach den Erläuterungen von Augustinus und Kant scheint die Sache klar: Es ist die Übereinstimmung der inneren Überzeugung, also der subjektiven Wahrheit – dessen, was man für wahr hält –, mit dem, was man sagt oder ausdrückt. Kant ging noch einen Schritt weiter. Er sprach auch von einer inneren – vor sich selbst oder vor Gott – und einer äußeren Wahrhaftigkeit und Lüge. Die innere Lüge erscheint auf den ersten Blick für die Gesellschaft weniger bedeutend, eher für das eigene gelingende Leben, dafür, wie glücklich man wird. Jedoch wird später noch zu sehen sein, dass die Selbsttäuschung – denn darum handelt es sich bei dem, was Kant »innere Lüge« nannte – für das Bestreben, die Wahrheit zu sagen, eine große Rolle spielt.

Versucht man dann allerdings, Wahrhaftigkeit von den verwandten Begriffen Ehrlichkeit und Aufrichtigkeit abzugrenzen, kommt man ins Schleudern. Es gibt keine allgemeingültigen Definitionen, schon gar nicht in unterschiedlichen Fachgebieten und über die Zeit hinweg. In zwei großen Nachschlagewerken, dem *Historischen Wörterbuch der Philosophie* sowie dem *Deutschen Wörterbuch* von Jacob Grimm und Wilhelm Grimm, kann man nachlesen, wie sich die Bedeutung der Begriffe im Laufe der Zeit verändert hat. Und im Wörterbuch der Brüder Grimm findet sich dann auch die Definition für Wahrhaftigkeit, die mir am sinnvollsten erscheint und die auch dem heutigen allgemeinen Sprachgebrauch am ehesten entspricht – ein Aspekt, der mir wichtig scheint, sowohl für das Nachdenken als vor allem auch für das Diskutieren darüber. Dort, bei Grimm, heißt es zu Wahrhaftigkeit:

> Bestreben die Wahrheit zu reden.

Es geht bei ihr also um eine Haltung in dem Prozess, anderen die Wahrheit zu vermitteln. Das ist mehr, als einfach zu sagen, was man denkt. Damit lässt sich die Wahrhaftigkeit abgrenzen von der Ehrlichkeit, die sich nach meinem Verständnis darauf beschränkt, dass man genau das ausdrückt, was man denkt. Und auch von der Aufrichtigkeit. Die würde ich nämlich umgekehrt weiter fassen: sich so zu verhalten, wie es dem Vertrauen des Gegenübers entspricht. Zur Aufrichtigkeit würde dann etwa auch die Pflicht gehören, nichts von Belang zu verschweigen.

Doch zunächst weiter zur Wahrhaftigkeit und ihrer Bedeutung. Vielleicht ist eine andere Geschichte näher am Leben als die von Sartre mit dem armen Ibbieta. Nämlich folgende:

Ein Mann ruft aus der Küche zu seiner Frau, ob das Gartentor geschlossen sei. Es ist Samstagnachmittag, die Frau verfolgt gerade die Bundesliga im Fernsehen und will nicht extra nachsehen. Deshalb überlegt sie kurz, erinnert sich, dass sie das Tor geschlossen hat, nachdem sie mit dem Auto nach Hause gekommen war, und ruft, überzeugt, dass es geschlossen ist: Ja. Nun kann man sich aussuchen, wie es weitergeht: Wegen des spannenden Bundesligaspiels hat sie leider vergessen, dass sie danach doch noch schnell die Mülltonne reingeholt hat und, bevor sie das Tor wieder schließen konnte, von ihrem Mann ins Haus gerufen wurde, um ihm zu helfen. Oder sie kann nicht wissen, dass inzwischen der Nachbar kurz da war und sich den Rasenmäher ausgeliehen hat. Auf jeden Fall steht das Tor offen. Der Mann jedoch verlässt sich auf die Antwort der Frau, wonach das Tor zu ist, und lässt entweder den Hund, die Kinder oder die demente Großmutter unbeaufsichtigt in den Garten, von wo sie durch das offene Tor auf die Straße laufen und überfahren werden.

Entsprechend zu den Verwicklungen in den Shakespeare-Dramen könnte die Frau, als sie den Aufruhr hört, nach draußen laufen, vor lauter Entsetzen nicht auf den Verkehr achten und auch überfahren werden. Aber spätestens an dieser Stelle merkt man: Irgendetwas stimmt nicht – mit der Fallhöhe oder mit der Schuld oder mit der Frage, ob es sich überhaupt um eine Lüge handelt. Denn nach allen bisherigen Überlegungen zur Lüge handelt es sich um keine Lüge. Die Frau sagte das, was sie glaubte, nämlich dass das Tor zu ist. Nur stimmte das nicht. Und das zog die fatalen Folgen nach sich. Das Problem liegt hier nicht darin, dass sie nicht das sagte, was sie dachte, sondern dass sie nicht das dachte, was wirklich der Fall war. Und wenn man hier wegen der shakespeareesken Folgen über Schuld nachdenkt, dann kann man überlegen, ob sie dabei Schuld auf sich geladen hatte. Um ganz sicherzugehen, hätte sie nachsehen müssen. Das aber hatte sie nicht getan, und deshalb war ihr auch entgangen, dass der Nachbar das Tor hatte offen stehen lassen. Oder, in der anderen Variante, sie hatte, weil sie vom Fußballspiel abgelenkt war, vergessen, dass sie es selbst offen gelassen hatte.

Es gibt hier also ein Problem dabei, die Wahrheit zu sagen, nur liegt es nicht dort, wo es klassischerweise zu finden ist, banal ausgedrückt: beim wissentlichen Verdrehen der Tatsachen mit der Absicht zu täuschen. Wo liegt es aber dann? Darauf gibt es zwei Antworten von zwei sehr unterschiedlichen Philosophen. Der erste ist Immanuel Kant. Er konkretisierte – gleich im Anschluss an das obige Zitat über die Wahrhaftigkeit als Gegenteil der Lüge – den Lügenbegriff und fügte ihm damit eine Facette hinzu, die oft übersehen wird:

> Eine Lüge aber, sie mag innerlich oder äußerlich sein, ist zwiefacher Art: 1) wenn man das für wahr ausgiebt, dessen man sich doch als unwahr bewußt ist, 2) wenn man etwas für gewiß ausgiebt, wovon man sich doch bewußt ist subjectiv ungewiß zu sein.

Variante 1) ist der Klassiker der Lüge, bei der jemand etwas anderes sagt, als er oder sie denkt, um darüber zu täuschen. Variante 2) aber ist etwas anderes. Bei ihr täuscht man nicht so sehr darüber, was man denkt, und damit über die Tatsache selbst, sondern über die eigene Gewissheit. Zwischen »da bin ich mir sicher« und »wird schon stimmen« liegen Welten, hier, im Fall des Gartentors, Leben. Die Geschichte des Gartentors mag etwas konstruiert sein, aber das Problem ist es nicht. Es ist zum Beispiel ganz zentral für die Wissenschaft. Und im Endeffekt auch für die Gesellschaft und die Politik.

Ein interessantes Beispiel zur Frage, wie klar man eine Ungewissheit kommunizieren muss, ist die sogenannte »Atheist Bus Campaign«. Der britischen Journalistin Ariane Sherine waren christliche Buswerbungen mit Verweisen auf eine Website aufgefallen. Dort wurden ihr als Ungläubigen »Ewigkeiten in den Qualen der Hölle« und ein »See voll Feuer« angedroht. Als sie erfuhr, dass es offenbar keine Beschränkungen für religiöse Behauptungen und Drohungen in der Werbung gab, rief sie zu Spenden für eine entgegengesetzte Kampagne auf, ebenjene Atheist Bus Campaign. Sie fand unter anderem Unterstützung von der British Humanist Association und dem bekannten britischen Religionskritiker und Evolutionsbiologen Richard Dawkins. Heraus kam eine Buswerbung mit der Aufschrift »There's probably no god. Now stop worrying and enjoy your life.« – Es gibt wahrscheinlich keinen Gott. Also hör auf, dir Sorgen zu machen, und genieße dein Leben. Die Kampagne wurde in mehreren Ländern aufgegriffen, in Deutschland lautete die Aufschrift: »Es gibt (mit an Sicherheit grenzender Wahrscheinlichkeit) keinen Gott. Ein erfülltes Leben braucht keinen Glauben.«

Die Einschränkungen »probably – wahrscheinlich« und »mit an Sicherheit grenzender Wahrscheinlichkeit« mögen manchen Freund klarer Aussagen gerade in der Werbung – das Ganze fand ja auf Werbeflächen statt –, aber auch in der gesellschaftlichen und politischen Diskussion irritieren. Kompliziertes verkauft sich schlechter. Hier ist es jedoch Programm. Nicht nur, weil viele der Beteiligten, wie etwa Richard Dawkins, Wissenschaftler sind, es also als verpflichtend ansehen, den Grad der Gewissheit einer Aussage mit anzugeben. In England hatte es auch eine Diskussion über die Formulierung gegeben. Dawkins hatte »There is almost certainly no God« bevorzugt, also näher an der Formulierung in Deutschland. Die Diskussion über die Formulierung aber passt zum Ziel der Kampagne. Die Botschaft selbst soll ja die Idee einer wissenschaftlichen Wahrheit in Abgrenzung von der allein auf Glauben gründenden Überzeugung transportieren. Und zu dieser Idee gehört eben auch, dass man Dinge nie mit absoluter Sicherheit wissen kann und eine vermeintlich absolute Sicherheit im Grunde gelogen ist.

Der Fall des offenen Gartentors liegt aber noch einmal anders. Er passt auch nicht in die zweite Variante der Lüge bei Kant, wonach man etwas für gewiss ausgibt, von dem man selbst weiß, dass man es nicht genau weiß. Die Frau war sich vielleicht subjektiv wirklich sicher, dass das Tor zu ist. Sei es, weil sie wegen des spannenden Fußballspiels nicht weiter nachgedacht hat, sei es, weil sie womöglich jemand ist, die allgemein zu wenig Zweifeln neigt und noch weniger zu Selbstzweifeln. Die also die eigene Vorstellung von etwas als absolut richtig und wahr ansieht, als einzig mögliche, denkbare Realität. Solche Menschen gibt es, und gar nicht so wenige. Sie wären von Kants erweiterter Lügendefinition nicht betroffen. Sie würden demzufolge weniger lügen, wären also – zumindest in dieser Hinsicht – bessere Menschen. Gedankenlosigkeit oder persönliche Hybris würden moralisch belohnt. Ein unbefriedigendes Ergebnis.

Genau in dieses Problem stach der britische Philosoph Bernard Williams, der zweite brillante Philosoph, den ich oben angekündigt habe, 2002 in seinem Buch *Wahrheit und Wahrhaftigkeit*:

> Das Thema dieses Buchs ist die Wahrhaftigkeit. Es geht also um Tugenden und Praktiken – und die mit diesen einhergehenden Ideen –, von denen das Anliegen, die Wahrheit zu sagen, zum Ausdruck gebracht wird. Dabei beinhaltet »die Wahrheit sagen« zweierlei: den Wunsch,

> anderen Personen die Wahrheit mitzuteilen, und in erster Linie das Interesse, das Wahre vom Falschen zu unterscheiden.

Zunächst kann man erfreut feststellen, dass Bernard Williams den Begriff *Wahrhaftigkeit* in demselben Sinn verwendet, wie er im Wörterbuch der Brüder Grimm zu finden war, wo sie als »Bestreben die Wahrheit zu reden« definiert wurde. Williams' wirklich brillante Beobachtung und Erkenntnis aber besteht darin, dass bei dem »Anliegen, die Wahrheit zu sagen«, zwischen der Wahrheit und dem Sagen zwei mehr oder weniger voneinander getrennte Schritte stehen: der erste zwischen der Wahrheit und der Überzeugung des Sprechers, und der zweite zwischen der Überzeugung des Sprechers und dem, was er sagt. Und um diese zwei Schritte richtig zu gehen, also die Wahrheit zu sagen, benötigt man laut Williams zwei »Tugenden der Wahrheit«, wie er sie nennt, an einer Stelle spricht er sogar von »Grundtugenden der Wahrheit« (»two basic virtues of truth«):

> Es handelt sich um die Genauigkeit (GEN) und die Ehrlichkeit (EHRL). Die GEN trägt dazu bei, grob gesagt, dass die Wahrheit mit der Überzeugung des Sprechers übereinstimmt, während die EHRL die Aufgabe hat, dass das vom Sprecher Gesagte das von ihm Geglaubte ausdrückt.

Im englischen Original spricht Williams von *accuracy* und *sincerity*. *Sincerity* wird in den deutschen Ausgaben von Williams' Büchern über die Wahrheit unterschiedlich übersetzt, teils als »Ehrlichkeit«, teils als »Aufrichtigkeit«. Ich halte, wie oben schon ausgeführt, »Ehrlichkeit« für besser. Das ist aber hier gar nicht so wichtig, weil ich den zentralen Beitrag, den Williams hier geleistet hat, in der Trennung der beiden Schritte sehe und in der Erkenntnis, dass es *zwei* Tugenden braucht, um die Wahrheit zu sagen. Dass Ehrlichkeit allein nicht ausreicht. Im Grunde lag das seit Augustinus' Buch *Über die Lüge*, also seit dem Jahr 395 auf der Hand. Und Immanuel Kant hatte 1796 einen halben Schritt in diese Richtung unternommen, als er das Täuschen über die Sicherheit, mit der man etwas weiß, als zweite Form der Lüge identifizierte. Aber dass neben der Ehrlichkeit eine zweite Tugend erforderlich ist, wenn es darum geht, die Wahrheit zu sagen, nämlich die Genauigkeit, hat in dieser Klarheit tatsächlich erst Williams 2002, ein Jahr vor seinem Tod, herausgearbeitet.

Je länger ich mich mit seiner Idee auseinandersetze, desto wichtiger scheint sie mir zu sein. Natürlich fürchtet man bei der Lüge – wenn man belogen wird – in erster Linie die direkte absichtliche Täuschung. Dass einem das Gegenüber ins Gesicht lügt. Und damit, wie etwa Jago bei Othello oder König Lears Töchter, etwas erreichen will – zum eigenen Vorteil und zum Schaden des oder der

Belogenen. Von Donald Trump ganz zu schweigen. Aber das ist eben nicht alles, und vielleicht verschieben sich auch gerade die Schwerpunkte. Das Informationszeitalter, in dem wir leben, zeichnet sich zum einen durch die enorm gestiegene Bedeutung der Informationen aus, zum anderen aber auch dadurch, dass die schiere Menge der zur Verfügung stehenden Informationen immer größer und unüberschaubarer wird. Deshalb wird es immer schwieriger, sie auf ihren Wahrheitsgehalt zu überprüfen. Damit aber rückt die Frage der Zuverlässigkeit der Informationen unabhängig von der absichtlichen Täuschung immer mehr in den Mittelpunkt.

Indem er »Genauigkeit« als Teil des Bestrebens, die Wahrheit zu sagen, einführt, unternimmt Williams einen wichtigen Schritt in diese Richtung. Er überbrückt damit aber gleichzeitig eine Lücke, deren Bedeutung, aber auch Gefahr in den letzten Jahren augenscheinlich wurde. Denn dort wurzelt eines der verheerendsten Gewächse unserer Zeit: Fake News. Viele dieser falschen Meldungen werden absichtlich aus politischen Gründen in die Welt gesetzt. Ihre rasche und große Verbreitung erfolgt jedoch meist dadurch, dass eine große Anzahl von Menschen sie schnell und bereitwillig glaubt und dann weiterverbreitet.

An dieser Stelle zeigt sich die Bedeutung der »Genauigkeit« als Grundtugend der Wahrheit. Das betrifft natürlich die Medien, die sich anstrengen müssen, das, was sie publizieren, sorgfältig zu recherchieren und zu überprüfen. Auch auf die Frage hin, ob es von einer persönlichen Meinung oder Haltung beeinflusst ist. Natürlich soll und muss es Meinungsjournalismus geben, und die Medien dürfen und sollen auch eine Haltung haben. Diese darf jedoch nicht die Berichterstattung über die Fakten beeinflussen. Dasselbe gilt heute aber gleichermaßen für jeden Einzelnen, der etwas weitererzählt, weiterleitet, teilt oder auch nur mit einem Like versieht, weil er oder sie das damit auch weiterverbreitet. Wer eine Nachricht weitererzählt, weiterleitet oder teilt, von der er oder sie nicht weiß, ob sie wahr ist, und sich auch nicht weiter darum schert, verstößt damit gegen das Gebot der »Genauigkeit«, die ebenso eine Grundtugend der Wahrheit ist wie die »Ehrlichkeit«.

Zu meinem Beruf gehört, dass ich immer wieder um Stellungnahmen zu ethischen Aspekten von Vorkommnissen gebeten werde, um eine Einordnung in einen größeren Rahmen. Eine dieser Anfragen lautete: »Eine Hartz-IV-Empfängerin mit Tochter klagt, sie möchte einen Marken-Schulranzen, weil das Kind sonst in der Schule diskriminiert wird. Gericht gibt recht, Steuerzahler muss den Ranzen bezahlen. Ist das gerecht?« Es handle sich, hieß es, schon um ein älteres Urteil, über das bereits öfter berichtet worden sei. Bevor ich mich dazu äußerte, wollte ich zunächst das Urteil lesen, um die

Begründung des Gerichts zu erfahren, wie es zu seiner Entscheidung gekommen ist. Solche Recherchen waren früher ziemlich mühsam, denn man brauchte das Aktenzeichen, musste das Gericht anschreiben und eine anonymisierte Kopie anfordern, was dauerte und mit Kosten verbunden war. Heute geht das ungleich einfacher und schneller, die meisten Entscheidungen stehen online und sind über Suchmaschinen zu finden. Bei meiner Suche stellte ich fest, dass das Urteil seit etlichen Jahren immer wieder in Artikeln und Kommentaren auftauchte. Leider überall ohne genaue Quellenangabe. Schließlich fand ich das Urteil selbst, es stammt vom Oberverwaltungsgericht Lüneburg und ist aus dem Jahr 2000. Damals galt noch das Bundessozialhilfegesetz, das sogenannte Hartz IV wurde erst im Jahr 2005 eingeführt, was die Rechtslage deutlich veränderte. Das wirklich Überraschende aber war: In dem Urteil war keine Rede von einem Marken-Schulranzen. Das Gericht stellte lediglich fest, dass ein Hilfeempfänger sich nicht das allerbilligste Produkt kaufen müsse, dem man das auch ansehe. Die Sozialhilfe müsse nämlich sicherstellen, dass ein Kind damit in seiner schulischen Umgebung nicht »aus dem Rahmen« falle und mit dem Billigprodukt als Sozialhilfeempfänger erkannt werde. Deshalb habe das Kind Anrecht auf einen Ranzen »zu einem mittleren Preis«; dabei wurde auf einen von einem namentlich genannten Kaufhaus angebotenen Ranzen verwiesen.

Allerdings geht die Geschichte noch weiter. Zwei Jahre später griff das Verwaltungsgericht Hannover in einem ähnlichen Fall das Urteil auf, distanzierte sich aber ausdrücklich davon. Da Bevölkerungskreise mit niedrigem Einkommen üblicherweise im unteren Preissegment auswählen müssten, dürften Sozialhilfeempfänger, so das Verwaltungsgericht, nicht bessergestellt werden. Es wäre sogar zumutbar, sich nach gebrauchten Gegenständen umzusehen, nur wisse jeder, dass Schulranzen nach Gebrauch durch die Kinder so abgenutzt seien, dass man sie kaum mehr weiter nutzen könne, weshalb man in diesem Fall nicht darauf verweisen könnte. Ansonsten bestünde aber eben nur ein Anspruch auf einen Ranzen im unteren Preissegment. Wobei das Gericht anmerkte, dass man sehr wohl auch in diesem unteren Preissegment bereits einen »Markenranzen«, den es in Anführungszeichen setzte, bekäme.

Ich fand beide Urteile durchaus vernünftig, gut begründet und nachvollziehbar. Sicherlich kann man dazu auch anderer Meinung sein, aber darum soll es hier gar nicht gehen. Sondern um die Wahrhaftigkeit. Oder, wie man dank Bernard Williams weiß, um die Grundtugenden der Wahrheit, hier die Genauigkeit. Bevor man die Geschichte von »einem Gericht, das so oder so entschieden hat«, weiterverbreitet, muss man sich bemühen, abzuklären, ob das stimmt. Das kann geschehen, indem man nur übernimmt, was man aus seriösen Quellen hat, oder man überprüft selbst. Und dafür sind bei vielen Informationen heute nur ein paar Klicks nötig. Diese Klicks dürfen aber eben nicht bei irgendeiner Quelle enden, sondern entweder bei einer wirklich seriösen oder, noch besser, wie hier bei einem Urteil, beim Original. Das gilt umso mehr, je öffentlicher man etwas verbreitet und je größer die Zahl der Empfänger ist. Wer etwas – auch in den sozialen Medien – veröffentlicht, muss folglich die Tugend der Genauigkeit beachten. Wo man es an dieser Genauigkeit fehlen lässt, liegt vielleicht nicht das gleiche Maß an Verwerflichkeit vor wie bei einer Lüge mit der Absicht zu täuschen, aber die Verletzung der Wahrhaftigkeit, der Schaden, den man damit in Bezug auf die Wahrheit anrichtet, ist eben ähnlich, wenn nicht genauso groß.

Warum aber wird dann diese Grundtugend der Genauigkeit so wenig beachtet? Ein Grund dafür liegt auf der Hand: Es ist mühsam. Auch wenn dank des Internets die Überprüfung von Fakten heute viel schneller geht als früher, kostet es immer noch Zeit. Und, falls man es beruflich macht, somit auch Geld. Dass das Internet zugleich eine Gefahr darstellt, weil es voll von unzuverlässigen Quellen ist, sei hier nur am Rande bemerkt. Neben dieser äußeren Bequemlichkeit steht der Genauigkeit aber noch eine andere Bequemlichkeit entgegen, nämlich die beim Denken, wie Bernard Williams ausführt:

> Das bewusste Streben nach der Wahrheit verlangt Widerstand gegen Selbsttäuschung, Wunschdenken und dergleichen, und eine Komponente der Tugend GENAUIGKEIT (…) besteht in den Fertigkeiten und Einstellungen, die sich dem Lustprinzip in allen seinen Formen widersetzen: vom plumpen Bedürfnis nach Glauben an erfreuliche Dinge bis hin zur schieren Faulheit beim Überprüfen der eigenen Untersuchungsergebnisse. Zu den Vorzügen der GENAUIGKEIT gehören in erster Linie Neigungen und Strategien zur Stützung der Verteidigungsmöglichkeiten unserer Überzeugungen gegen das Wünschen sowie gegen eines der Produkte des Wünschens, nämlich die Selbsttäuschung.

Ein wenig schmunzelt man, weil Williams hier das Lustprinzip nennt und die Genauigkeit dann »Jenseits des Lustprinzips« – der Titel eines Buches von Sigmund Freud – liegt. Vor allem aber spricht er hier vom »Bedürfnis nach Glauben an erfreuliche Dinge« und dem »Wünschen«. Genau das, was König Lear dazu gebracht hat, den Einflüsterungen seiner älteren Töchter zu glauben.

Die Selbsttäuschung, die Williams hier nennt, ist die innere Lüge, von der schon Kant gesprochen hat. Und weil sie die Übereinstimmung der eigenen Überzeugung mit der Realität be- oder gar verhindert, stellt sie eine ähnlich große Gefahr für die Wahrhaftigkeit – und auch die Wahrheit – dar wie die äußere Lüge.

***

An dieser Stelle scheint es nicht nur sinnvoll, sondern notwendig, über die Wahrheit selbst zu sprechen. Wenn man die Wahrheit sagen soll, sollte man auch wissen, was die Wahrheit ist. Und damit landet man bei der großen Frage: »Was ist Wahrheit?« Man kennt diesen Satz vor allem aus der Bibel. Es ist die Reaktion des römischen Statthalters Pontius Pilatus auf die Äußerung von Jesus, er sei gekommen, um Zeugnis für die Wahrheit abzulegen. Jenseits aller theologischen Interpretationen kann der Satz für die Skepsis oder das Problem stehen, ob es dem Menschen überhaupt möglich ist, die Wahrheit zu kennen. Vielleicht sogar, ob es überhaupt eine Wahrheit gibt.

Hier, bei den Überlegungen, warum man die Wahrheit sagen soll, kann man diese großen Fragen – Was ist Wahrheit? Kann man sie erkennen? Gibt es sie überhaupt? – nur streifen. Ich behaupte jedoch, dass das für unsere Zwecke genügt.

Es gebe gar keine Wahrheit, zumindest keine absolute und verbindliche, sagen etliche Skeptiker und Relativisten. Deshalb laufe die Forderung, die Wahrheit zu sagen, ins Leere. Das gibt natürlich zu denken. Noch dazu in Zeiten von Fake News und »Alternativen Fakten«. Hatte am Ende Kellyanne Conway, die Beraterin von Präsident Donald Trump, recht, als sie mit Fakten über die Zahlen der Besucher der Amtseinführung Trumps konfrontiert wurde und schlicht darauf verwies, dass sie eben »alternative Fakten« habe? Noch weiter ging Rudy Giuliani, der frühere New Yorker Bürgermeister, der jetzt Trumps Anwalt ist, als er in einem Interview sagte: »Truth isn't thruth« – Wahrheit ist nicht Wahrheit. Als Begründung fügte er hinzu, dass Fakten »nowadays« – heutzutage – im Auge des Betrachters lägen.

Was hat es nun damit auf sich? Stimmt es also, dass es keine objektive Wahrheit gibt? Dann stünden wir in einem Buch, das sich damit beschäftigt, warum man die Wahrheit sagen soll, vor ziemlichen Problemen. Glücklicherweise findet sich Hilfe. Der amerikanische Philosoph Harry G. Frankfurt, der im Zusammenhang von Lüge und Wahrheit vor allem für sein Buch über Bullshit bekannt wurde, hat im Anschluss an dieses Buch noch ein weiteres sehr kluges über Wahrheit geschrieben, und darin trifft er unter anderem folgende Feststellung:

> Auf jeden Fall behaupten selbst diejenigen, welche die Gültigkeit oder die objektive Realität der Unterscheidung zwischen Wahr und Falsch zu leugnen vorgeben, ohne erkennbare Verlegenheit, diese Ablehnung sei eine Position, die sie *wahrhaftig* vertreten. Die Aussage, dass sie die Unterscheidung zwischen Wahr und Falsch verwerfen, ist, darauf beharren sie, eine uneingeschränkt *wahre* Aussage über ihre Überzeugungen, *nicht* eine *falsche*.

Mir gefällt diese Analyse. Man kann darüber nachdenken, ob sie ein klein wenig gehässig ist, weil sie eine Inkonsequenz im Denken aufzeigt, oder ob sie vielleicht sogar einen argumentativen Trick im Sinne von Schopenhauers *Die Kunst, Recht zu behalten* darstellt. Sie scheint mir aber vor allem einen Gedanken in die für die Überlegungen hier entscheidende Richtung zu entwickeln: Wenn nämlich diejenigen, die sagen, es gebe keinen Unterschied zwischen wahr und falsch, diese Aussage wahrhaftig vertreten, scheint es Bereiche zu geben, für die die Annahme einer Wahrheit zumindest nützlich, wenn nicht sogar notwendig ist. In ihrem Fall den Bereich, in dem sie ihre Überzeugung vertreten.

Das bringt uns zu einer Überlegung, die ich hier für ausschlaggebend halte. Vielleicht ist es nicht möglich, die Wahrheit mit letzter Sicherheit festzustellen, aber diese letzte Sicherheit braucht man im Alltag gar nicht. Vielleicht gibt es auch keine Wahrheit, aber für das Leben und den Alltag reicht das, was man gemeinhin unter Wahrheit versteht, vollkommen aus. Bernard Williams spricht in seinem Buch *Wahrheit und Wahrhaftigkeit* von »alltäglichen Wahrheiten« oder »Alltagswahrheiten« (*everyday truths*): »Jeder sollte den Vertretern des Common sense [des gesunden Menschenverstandes, RE] darin zustimmen, dass es viele alltägliche Wahrheiten gibt (...).« Wobei man »alltäglich« nicht zu eng sehen sollte, im Sinne von unwichtigen Kleinigkeiten. Hierher gehören auch viele Fakten aus dem politischen Bereich. Es ist gut möglich, dass man nie wirklich erfahren wird, ob und, wenn ja, wie Russland sich in die amerikanischen Präsidentschaftswahlen oder in die Abstimmung über den Brexit eingemischt hat. Aber dennoch hat es entweder Maßnahmen gegeben oder nicht, und sie wurden entweder angeordnet oder gebilligt oder nicht. Dass es diese Fakten gibt oder nicht, gehört für mich noch zu den Alltagswahrheiten. Ebenso so etwas wie eine Arbeitslosenzahl. Natürlich kann man darüber streiten, ob Arbeitsuchende, die gerade eine Fortbildung machen, für die Statistik mitgezählt werden sollen oder nicht. Oder ob diejenigen mitgezählt werden sollen, die aus Krankheitsgründen nur sehr eingeschränkt arbeiten können. Und dass die Statistik vielleicht lückenhaft ist, weil Menschen die Hoffnung aufgegeben haben und sich gar nicht arbeitsuchend melden. Aber das ändert nichts daran, dass es eine genaue Zahl gibt. All diese Dinge gehören zu dem Bereich, den wir in unserem täglichen Leben erfassen können – wie etwa die Anzahl von Personen, die einem bestimmten Kriterium genügen, oder die Anzahl der Personen, die an einer Amtseinführung teilgenommen haben. Deshalb kann man sie unter den Begriff »alltägliche Wahrheiten« im weitesten Sinne fassen.

Aber auch bei komplexeren Fragen gibt es Anteile, die zu den alltäglichen Wahrheiten gehören. Vielleicht stimmen alle unsere Vorstellungen über die Natur des

Lichts als Welle oder Teilchen nicht. Vielleicht können wir das auch nie wirklich verstehen oder durchdringen, womöglich steckt dahinter ein göttlicher Plan, den wir mit unseren Säugetiergehirnen nie werden verstehen können. Dennoch reicht mir die Gewissheit darüber, was rotes und was grünes Licht ist, aus, um eine belebte Straße nur bei Grün zu überqueren. Daneben hoffe ich, dass unter den Autofahrern keine Postmodernisten und Relativisten sind, die das Vorhandensein von rotem oder grünem Ampellicht als subjektiv ansehen und dafür viele mögliche Betrachtungsweisen zulassen. Und falls es nach einem Unfall mit einem von ihnen doch zum Streit kommt, wer denn nun Grün hatte und wer nicht, reicht mir die Alltagsvorstellung von Wahrheit, um definieren zu können, ob ein Zeuge die Wahrheit darüber sagt, was die Ampel in dem Moment angezeigt hat: grün oder rot.

Ich glaube, nein, ich bin mir ziemlich sicher, auch ein noch so tiefer Skeptiker, der die Existenz von allgemeinen Wahrheiten ablehnt, wird sich nicht genau an die Stelle begeben, auf die nach den Gesetzen der Schwerkraft das Klavier fallen wird, das die beiden Komiker Stan Laurel und Oliver Hardy in einem ihrer Sketche, in denen ständig Klaviere zu Boden stürzen, ein paar Stockwerke weiter oben gerade zu weit aus dem Fenster schieben. Für sein tägliches Leben – und in diesem Fall Überleben – wird ihm die »Wahrheit« des Gesetzes der Schwerkraft ausreichen, um ihn dazu zu bringen, sich woanders hinzustellen.

Manche berufen sich auch darauf, dass es zwar eine Wahrheit gebe oder geben möge, wir sie aber nicht mit ausreichender Sicherheit feststellen könnten. Oft wird in diesem Zusammenhang der bekannte »Schmetterlingstraum« des chinesischen Philosophen Zhuāng Zhōu oder Zhuāngzǐ zitiert:

> Einst träumte Zhuāng Zhōu, daß er ein Schmetterling sei, ein flatternder Schmetterling, der sich wohl und glücklich fühlte und nichts wußte von Zhuāng Zhōu. Plötzlich wachte er auf: da war er wieder wirklich und wahrhaftig Zhuāng Zhōu. Nun weiß ich nicht, ob Zhuāng Zhōu geträumt hat, daß er ein Schmetterling sei, oder ob der Schmetterling geträumt hat, daß er Zhuāng Zhōu sei.

Eine moderne Variante dieser Geschichte ist die der *Matrix*-Trilogie der Wachowski-Geschwister. In diesen Filmen leben die Menschen in der Matrix, einer computergenerierten Traumwelt, während sie in Wirklichkeit in von Maschinen betriebenen Brutkästen schwimmen und als Energielieferanten ausgebeutet werden. Alles, was die Menschen erleben, ist somit ein künstlich erzeugter Traum. In einer berühmten Szene reicht Laurence Fishburne als Morpheus dem Auserwählten

Neo, gespielt von Keanu Reeves, zwei Pillen und stellt ihn vor die Wahl: Wenn er die blaue Pille nimmt, kommt er zurück in sein bisheriges, sorgenarmes, aber eben falsches Leben in der Matrix. Mit der roten Pille erfährt er die – schreckliche und gefährliche – Wahrheit. Dabei nimmt Morpheus auch ziemlich deutlich Bezug auf Zhuāng Zhōus Traum: »Hast du jemals einen Traum gehabt, Neo, bei dem du dir so sicher warst, dass er real ist? Was, wenn du nicht aus diesem Traum aufwachen könntest? Wie könntest du den Unterschied zwischen der realen Welt und der Traumwelt erkennen?« Neo entscheidet sich für die rote Pille und damit für die Wahrheit. Was die interessante Frage aufwirft: Würden wir das auch tun?

Die Szene ist auch eine Umsetzung der »Erlebnismaschine« (experience machine) des US-amerikanischen Philosophen Robert Nozick. Dabei handelt es sich um ein Gedankenexperiment. Man stellt sich eine Maschine vor, die das Gehirn so stimuliert, dass man alle Erlebnisse haben kann, die man möchte. Vor allem natürlich angenehme. Würde man sich dauerhaft an diese Maschine anschließen lassen wollen? Gleich wen man fragt, die ganz überwiegende, fast schon einhellige Antwort darauf lautet, und das schreibt auch Nozick: nein. Nozick will damit zeigen, dass das angenehme Leben allein noch keinen Wert darstellt, ein Angriff auf den Hedonismus. Zugleich ist es aber auch ein starkes Argument dafür, dass die

Wahrheit – in der Realität zu leben und diese zu kennen – per se erstrebenswert ist.

Hier aber, beim Nachdenken über »Was ist Wahrheit?«, scheint mir vor allem eines wichtig: Vielleicht kann ich nicht ausschließen, dass ich ein Schmetterling bin, der träumt, ein Mensch zu sein. Oder dass ich in Wirklichkeit in einem Tank schwimme und wir hier in der Matrix sind. Oder dass ich an Robert Nozicks Erlebnismaschine angeschlossen bin. Wobei ich mich, wenn das zutreffen sollte, frage, wer auf die fiese Idee gekommen ist, den Berliner Winter mit einzuprogrammieren (und ein paar andere Dinge und sogar Personen, die mir spontan einfallen, die ich mit einer Maschine, die angenehme Erlebnisse verschaffen soll, nicht in Einklang bringen kann). Womöglich ist dann sogar der Berliner Winter der ultimative Beweis dafür, dass wir in der Realität leben? Oder aber ein Hinweis auf den schlechten Humor oder Charakter der Programmierer der Matrix? Worum es mir jedoch geht: Damit kann ich leben. Ich kann mit der Unsicherheit leben, dass dieses Leben vielleicht in Wirklichkeit nur vorgetäuscht oder eingebildet ist. Für dieses Leben reicht mir in fast allen Situationen der Grad an Gewissheit, dass die Realität real ist.

Interessanterweise werden die Zweifel an der Wahrheit geringer, wenn es weniger theoretisch wird, und vor allem, wenn für die Zweifler selbst etwas davon abhängt. Harry G. Frankfurt bringt dazu ein schönes Beispiel:

> Nehmen wir an, eine Brücke stürzt unter einer Belastung ein, die den Normalwert nicht überschreitet. Was würde uns das lehren? Es würde uns zumindest lehren, dass diejenigen, die die Brücke entworfen oder gebaut haben, irgendwelche ziemlich groben Fehler gemacht haben. Uns wäre klar, dass zumindest einige der Lösungen, die sie bei der Behandlung der vielfältigen Probleme, mit denen sie es zu tun hatten, gefunden haben, auf verhängnisvolle Weise unrichtig waren.

Heute, nach dem Einsturz der Autobahnbrücke in Genua, würde man noch einfügen: »... oder diejenigen, die für die Kontrollen und den Unterhalt der Brücke zuständig waren«. Man würde es jedoch zu Recht als zynisch und den Opfern gegenüber unangemessen zurückweisen, wenn jemand meinte, das Unglück könnte auch daher kommen, dass Schmetterlinge als leichte Flugwesen im Traum nun mal keine guten Brücken bauen.

Frankfurt fasst seine Überlegungen in dem ebenso lakonisch einfachen wie überzeugenden Satz zusammen:

> Niemand, der bei Sinnen ist, würde sich auf einen Baumeister verlassen oder sich der Behandlung eines Arztes anvertrauen, der sich nicht um die Wahrheit kümmert.

In diesem Satz steckt nicht nur die praktische Bedeutung der Wahrheit und der Pflicht, sich um sie zu kümmern, sondern auch der Beleg, dass es etwas gibt, das wir mit für das Leben ausreichender Sicherheit als wahr annehmen. Sonst könnte es uns ja egal sein, ob sich der Baumeister und der Arzt um die Wahrheit kümmern.

Der US-amerikanische Philosoph Michael P. Lynch stellt in seinem – insgesamt empfehlenswerten – Buch *True to Life. Why Thruth Matters* eine sehr interessante und, wie ich finde, sehr elegante Überlegung an. »Wenn ich etwas weiß, dann das, dass ich nicht alles weiß und genauso wenig sonst irgendjemand. Es gibt einige Dinge, die wir ganz einfach nie wissen werden, und es gibt andere Dinge, von denen wir denken, dass wir sie wissen, aber wir wissen sie nicht.« Was zuerst wie eine Art Offenbarungseid gegenüber der Idee einer objektiven Wahrheit aussieht, ist in Wirklichkeit das Gegenteil davon. Wenn man nämlich, so Lynch, dieses Stück gesunden Menschenverstand einräumt, landet man bei einer zwingenden Erkenntnis: Dann ist man sich offenbar einig, dass es etwas gibt, das man nicht komplett wissen kann, nie wissen wird, oder von dem man nur denkt, dass man es weiß, aber in Wirklichkeit weiß man es nicht. Und dieses »etwas« ist dann eine Wahrheit, die sich uns teilweise entzieht, anders gesagt: Sie ist objektiv. Es gibt also eine objektive Wahrheit. Genau dasselbe gilt laut Lynch – ich meine, es ist fast noch zwingender – für die Tatsache, dass wir Fehler machen und uns irren können. Was ja auch niemand bestreitet. Sich zu irren bedeutet aber, dass die Wahrheit anders ist, als wir es uns vorstellen oder vorgestellt haben. Dann muss es eine Wahrheit geben, die unabhängig von unseren Vorstellungen ist, mit anderen Worten, es muss eine objektive Wahrheit geben.

Das schließt aber nicht aus, dass sich die Wirklichkeit den Menschen unterschiedlich darstellt. In ihrer Vorlesung über das Verhältnis von Philosophie und Politik beschäftigt sich Hannah Arendt ausführlich mit Sokrates und einem wichtigen Aspekt seiner Philosophie: Je nach seiner Stellung in ihr eröffnet sich die Welt jedem Menschen unterschiedlich, und deshalb hat jeder eine von seiner eigenen Sichtweise geprägte Meinung (*doxa*) von der Welt. Diese persönliche Sichtweise und Meinung ist keine Fantasterei und Willkür, aber auch nichts Absolutes und Allgemeingültiges. Sie ist nicht unbedingt mit der Wahrheit identisch, weil sie ja eine persönliche Sichtweise darstellt: wie es dem Jeweiligen erscheint. Aber dennoch ist in ihr auch die Wahrheit enthalten. Wichtig ist jedoch, zu erkennen, dass diese jeweiligen von der eigenen Sichtweise geprägten Meinungen – speziell auch die eigene – keinen Absolutheitsanspruch erheben können: »Und so wie niemand vorab die *doxa* des anderen kennen kann, kann auch niemand aus sich selbst und ohne weitere Anstrengung die Wahrheit wissen, die seine eigene Meinung birgt.« Hier taucht die von Bernard Williams geforderte Genauigkeit als eine der Grundtugenden der Wahrheit in anderem, antiken Gewand auf: die Anstrengung, die man aufwenden muss, um die Wahrheit zu erkennen, die sich in der eigenen Meinung verbirgt – oder eben nicht. Arendt führt diesen Gedanken von Sokrates noch genauer aus:

> Eine absolute Wahrheit, welche für alle Menschen gleich wäre und insofern keinerlei Beziehung zur Individualität hätte, kann es für uns Sterbliche nicht geben. Für uns ist entscheidend, die *doxa* wahrhaftig werden zu lassen, in jeder *doxa* die Wahrheit zu erkennen und so zu reden, dass die Wahrheit der eigenen Meinung sich uns selbst und den anderen erschließt.

Ein gutes Beispiel für die Frage nach einer objektiven Wahrheit ist auch der Urfall der »alternativen Fakten«, der Streit um die Anzahl der Besucher bei Donald Trumps Amtseinführung. Trumps Sprecher hatte ja behauptet, es sei die Inauguration mit den meisten Besuchern in der Geschichte gewesen. Als man dem »Fakten« wie Luftaufnahmen und die Zahlen der Washingtoner Verkehrsbetriebe entgegenhielt, prägte Trumps Beraterin Kellyanne Conway den berüchtigten Ausdruck, sie würde eben über »alternative Fakten« verfügen. Dabei muss man sich jedoch eines klarmachen: Es mag schwierig sein, die genaue Anzahl der Besucher festzustellen, und jede Zahl kann in diesem Fall nur irgendetwas zwischen Schätzung und Näherung sein, basierend auf mehr oder weniger belastbaren Methoden. Aber niemand wird vermutlich daran zweifeln, dass es eine bestimmte, wenn auch vielleicht nicht praktisch bestimmbare Zahl an Personen gegeben hat, die bei Trumps Amtseinführung anwesend waren. Und im Vergleich dazu bei der von Obama. Menschen waren dort oder nicht dort. Es gab keine Besucher, die zugleich dort waren und nicht dort und deren Anwesenheit davon abhängt, ob man hinschaut oder nicht – eine Art Schrödingers Besucher. Es *gibt* also eine Zahl der Besucher, die dort waren. Anders ausgedrückt, es gibt eine Wahrheit über die Anzahl der Besucher. Alles andere sind Nebelkerzen.

In dieselbe Richtung, die der Nebelkerzen, ging auch Trumps Anwalt Rudy Giuliani mit seinem oben zitierten Satz »Truth isn't truth« – Wahrheit ist nicht Wahrheit. Der Satz fiel im Zusammenhang mit der Frage, ob Trump vor dem Sonderermittler Mueller unter Eid aussagen werde. Giuliani als sein Anwalt wollte das verhindern, weil er meinte, dort könnte Trump in eine Meineid-Falle laufen – weil eben Wahrheit nicht gleich Wahrheit sei. Als Beispiel nannte er dann die Frage, ob Trump mit James Comey zu dessen Zeit als FBI-Chef über Trumps damaligen Sicherheitsberater Michael Flynn gesprochen und ihn dabei gedrängt habe, die Ermittlungen gegen Flynn einzustellen, was eine Behinderung der Justiz darstellen könnte. Warum Wahrheit dann nicht Wahrheit sei, begründete Giuliani so: »Nein, es ist nicht die Wahrheit. Wahrheit ist nicht Wahrheit. Donald Trump wird sagen: ›Ich habe mit Comey nicht über Flynn gesprochen.‹ Comey wird sagen: ›Sie haben eben doch darüber gesprochen‹ – also sagen Sie mir, was die Wahrheit ist.«

Giuliani ist Anwalt und hat lange Zeit als Staatsanwalt gearbeitet, er ist also mit der Konstellation Aussage gegen Aussage ebenso vertraut wie das Rechtswesen insgesamt, das Werkzeuge entwickelt hat, damit umzugehen. Was aber an einer Tatsache nichts ändert, die Giuliani hier verschleiern zu wollen scheint: Es gibt eine Realität. Trump hat mit Comey darüber gesprochen oder nicht. Und demzufolge gibt es eine Wahrheit, die dieser Realität entspricht. Dass sie, wenn nur zwei Personen dabei waren, sich von Außenstehenden vielleicht schwer oder gar nicht feststellen lässt, ist etwas anderes. Aber das ändert nichts daran, dass es sie *gibt*. Und Trump und Comey müssten sie kennen.

Allerdings beantwortet das immer noch nicht die Frage, was denn die Wahrheit eigentlich genau ist. Wie man sich vorstellen kann, gibt es für so einen zentralen Begriff eine ganze Reihe von Theorien und Definitionen. Nun habe ich eben gerade etwas nonchalant in einem Nebensatz eine davon untergebracht, fast sogar ein wenig untergejubelt, ohne das kenntlich zu machen: Als ich schrieb, dass es eine Wahrheit gebe, »die dieser Realität entspricht«. Wahrheit bedeutet demnach, dass die gedankliche Vorstellung oder das, was man darüber sagt, mit der Wirklichkeit übereinstimmt. Weil die Vorstellung dann wahr ist, wenn sie mit der Wirklichkeit korrespondiert, nennt man das Ganze Korrespondenztheorie. Sie geht zurück auf Aristoteles, der in seiner *Metaphysik* schrieb:

> Zu sagen nämlich, das Seiende sei nicht oder das Nicht-Seiende sei, ist falsch, dagegen zu sagen, das Seiende sei und das Nichtseiende sei nicht, ist wahr.

Wahr ist zu sagen, was der Realität entspricht, falsch im Sinne von unwahr ist, zu sagen, was nicht der Realität entspricht.

Ich glaube, mit dieser Theorie verhält es sich ein wenig so wie mit den Alltagswahrheiten, auch wenn man sie höher ansiedeln muss. Man mag philosophisch über diese Theorie streiten können, für das praktische Leben ist sie mehr als vollkommen ausreichend. Voltaire scherzte in seinem *Philosophischen Wörterbuch*: »Menschlich gesprochen, lassen Sie uns die Wahrheit, während wir auf eine bessere Definition warten, definieren, als etwas, was so gesagt wird, wie es ist.« Damit trifft er den Punkt.

Eine Aussage über die Anzahl der Besucher bei Trumps Amtseinführung ist wahr, wenn sie der tatsächlichen Anzahl entspricht. Bei Trump waren mehr oder weniger Besucher als bei Obama, wenn die Zahl der Besucher höher oder niedriger war. Irgendwie ist man versucht zu schreiben: So einfach ist das. Aber so kompliziert Fragen rund um die Wahrheit in der philosophischen Theorie sein mögen und vielleicht noch viel mehr in Fragen des Glaubens, so einfach sind sie, was das Wesen der Wahrheit angeht, im täglichen Leben. Da kann die Wahrheit andere Probleme aufwerfen, zum Beispiel, dass sie einem, salopp ausgedrückt, nicht in den Kram passt, dass sie den eigenen Interessen zuwiderläuft, dass sie verletzend wirkt und dergleichen mehr. Und vielleicht auch das Problem, wie man sie feststellen kann. Aber soweit es um ihr Wesen geht, dass wahr dem entspricht, was ist, und falsch oder unwahr dem, was nicht ist, scheint die Wahrheit im täglichen Leben vergleichsweise einfach.

Es gibt eine Fabel, die jeder kennt, weil man sie als Kind erzählt bekommen oder gelesen hat. Sie wird dem griechischen Fabeldichter Äsop zugeschrieben, ist aber in verschiedenen textlichen Versionen Allgemeingut geworden. Sie lautet in etwa so:

> Ein Hirtenjunge hütete Schafe. Weil ihm langweilig war, rief er eines Tages: »Hilfe, Hilfe! Ein Wolf!« Daraufhin liefen sofort die Leute aus dem Dorf herbei, um zu helfen, aber da war kein Wolf, und der Hirtenjunge lachte nur. Am nächsten Tag war ihm wieder langweilig und er rief wieder: »Hilfe, Hilfe! Ein Wolf!« Wieder kamen die Dorfbewohner gelaufen, wieder war kein Wolf da, und wieder lachte der Junge. Am dritten Tag aber kam tatsächlich ein Wolf und griff die Schafe an. Der Hirtenjunge rief: »Hilfe, Hilfe! Ein Wolf!« Die Dorfbewohner hörten ihn, dachten aber, er lügt wieder, da ist gar kein Wolf, und kamen nicht zu Hilfe. Deshalb fraß der Wolf die Schafe.

Und als »Moral von der Geschicht'« lernen die Kinder daraus: »Wer einmal lügt, dem glaubt man nicht, und wenn er auch die Wahrheit spricht.«

Man zögert ja ein wenig, mit Kindergeschichten anzukommen. Aber in dieser Geschichte stecken tatsächlich die drei Hauptbegründungen, die man gegen die Lüge als solche vorbringen kann: der Vertrauensverlust, die Störung, wenn nicht gar Zerstörung der Kommunikation und die Manipulation.

Das Problem des Vertrauensverlustes ist offenkundig. »Wer einmal lügt, dem glaubt man nicht, und wenn er auch die Wahrheit spricht« sagt eigentlich schon alles. Das Argument ist sehr eingängig, nicht umsonst ist es ein Kinderreim. Wenn man Kindern erklären will, warum die Lüge schlecht ist, gelingt es damit am besten – und das schon im frühesten Alter. Es ist unmittelbar einleuchtend. Dennoch mag ich dieses Argument gegen die Lüge am wenigsten. Der Gedanke »Was ist, wenn es rauskommt?« hat entscheidende Makel. Er ist wie eine Moral, die sich nur danach richtet, ob man Gefahr läuft, erwischt zu werden, und ob man dann Konsequenzen zu befürchten hat. Also keine echte Moral, sondern lediglich die Angst vor Strafe. Und, mehr noch: Das Argument wirkt eigentlich nur gegen schlechte Lügen – es zieht nur, wenn die Lüge auffliegt. Solange man nicht erwischt wird, wird auch das Vertrauen nicht zerstört. Letztlich ist das Ganze also sowohl ein Argument *gegen* die Lüge als auch ein Argument *dafür*, wirklich gut zu lügen. Gegen eine wirklich gute Lüge, die so gut ist, dass sie nie auffliegen kann, ist der drohende Vertrauensverlust kein Argument. Außerdem funktioniert das Argument bei zwei Typen von Personen nicht so richtig: beim echten *con man* und beim wirklich Mächtigen. *Con man* steht für *confidence man*, womit man im Englischen Hochstapler oder Trickbetrüger bezeichnet. Sie heißen so, weil ihr Vorgehen darauf beruht, das Vertrauen, *confidence,* ihrer Opfer zu gewinnen. Manche von ihnen, die wirklich guten, echten *con men*, sind darin so gut, dass das Vertrauen in sie durch fast nichts zu erschüttern ist.

»Hochstapler« ist wohl nicht die richtige Bezeichnung für Donald Trump, aber er scheint diesen Mechanismus geradezu perfektioniert zu haben. Das Verhältnis von Politik und Wahrheit wird später noch größeren Raum einnehmen, hier aber schon einmal eine Zahl: 91 Prozent derjenigen, die sich als »Strong Trump Supporter« bezeichnen, vertrauen Donald Trump als Quelle für korrekte Informationen, aber nur 11 Prozent von ihnen den klassischen Medien. Wie oft müsste er noch beim Lügen erwischt werden, um das Vertrauen in ihn zu zerstören? Und, anders gefragt, wenn das Hauptargument gegen die Lüge der Vertrauensverlust ist, warum sollte er mit dem Lügen aufhören, wenn dieser Vertrauensverlust bei ihm nicht eintritt? Und das scheint bei seinen Anhängern der Fall zu sein, für sie ist er offenbar ein echter *con man*.

Ähnliches gilt für den wirklich Mächtigen, dem es egal sein kann, ob man ihm vertraut, oder der das Vertrauen durch seine Macht erzwingen kann. Auch für ihn ist der drohende Vertrauensverlust kein Argument. Wem *erzwungenes Vertrauen* vielleicht wie ein Widerspruch erscheint, weil man Vertrauen nicht erzwingen könne, der vergisst, dass Macht auch soziale Auswirkungen hat. Macht verleiht Status, und Status ist mit Vertrauen verbunden. Und auch die 91 Prozent, die Donald Trump für eine vertrauenswürdige Quelle für Informationen halten, lassen sich vermutlich ohne diesen Aspekt – die Wirkung von medialer, sozialer und politischer Macht – kaum erklären.

Deshalb scheint mir ein anderes Argument, das mit dem vorherigen verwandt ist, überzeugender: Lügen zerstört die Grundlage der Kommunikation. Ausgangspunkt war soeben, dass Lügen das Vertrauen in den Lügner zerstört. Es geht aber eben noch weiter: Lügen zerstört das Vertrauen in das Gesprochene – oder sonst wie Übermittelte – schlechthin. In der Kindergeschichte mit dem Hirtenjungen hätten die Dorfbewohner vermutlich, wenn ein zweiter Hirtenjunge sich denselben Scherz erlaubt hätte, generell aufgehört, auf einen entsprechenden Ruf zu reagieren. Der Ruf »Hilfe, ein Wolf!« hätte insgesamt seine Funktion eingebüßt. Und Hilferufe im Allgemeinen hätten an Wirksamkeit verloren. In der Realität kann man diesen Mechanismus an Sätzen beobachten wie »Man kann ja überhaupt nichts mehr glauben«, die immer häufiger zu hören sind. Meist beziehen sie sich auf politische Themen, zu denen unterschiedliche Aussagen und Meldungen kursieren. An diesen Sätzen erkennt man den Mechanismus der Korrosion, wie sie Lügen und ihre moderne systematische Form, die Fake News, verursachen. Indem widerstreitende Informationen verbreitet werden, von denen mindestens eine falsch sein muss, wird das Vertrauen in Informationen allgemein und in die Möglichkeit des zuverlässigen Austausches von Informationen angegriffen und beschädigt. Es ist ein schleichender Korrosionsprozess, der aber am Ende die gesamte Struktur zerstört.

Wie das funktioniert, hat der einflussreiche deutsche Rechtswissenschaftler Rudolf von Jhering in seinem 1877 erschienenen Buch *Der Zweck im Recht* gezeigt. Er vertritt dort – ausdrücklich gegen Theologie und Philosophie – die interessante Theorie, dass nicht die Wahrheit das Ursprüngliche gewesen sei, sondern ein unverkrampftes Verhältnis zur Lüge. Sowohl im Alten Testament fände man die Lüge als auch in der griechischen Mythologie, wo die Götter selbst eifrig gelogen hätten und Odysseus, der »Listenreiche«, zum großen Helden avanciert sei.

Erst später sei die Notwendigkeit, sich auszutauschen und sich gegenseitig vertrauen zu können, so groß geworden, dass man die Verwerflichkeit der Lüge einführte. Den Grund für die Einführung der Pflicht zur Wahrhaftigkeit erklärt Jhering mit ihrer Bedeutung für das Zusammenarbeiten und Zusammenleben:

> So beruht mithin unser ganzes Leben auf Treu und Glauben – auf dem Postulat des Glaubens von der einen, auf dem der Treue von der anderen Seite. Unser ganzes Leben, sage ich, nicht also der Geschäftsverkehr allein (...) – unser ganzes Leben in allen seinen Verzweigungen und Verhältnissen, gleichmässig das öffentliche wie das Privatleben.

Jhering benutzt dabei die juristische Formulierung »Treu und Glauben«, wobei das »Glauben« darin bedeutet, dem anderen zu glauben, mithin das Vertrauen. Allerdings stellt Jhering später ausdrücklich klar, dass er damit nicht das Vertrauen in den individuellen Lügner im Einzelfall meint – wie im Kinderreim »Wer einmal lügt, dem glaubt man nicht« –, sondern das allgemeine Vertrauen und damit auch die Grundlagen der Kommunikation:

> Gefährdung des öffentlichen Vertrauens zur Wahrheit – damit habe ich die bedrohliche Wirkung namhaft gemacht, welche jede schuldhafte Abweichung

> von der Wahrheit für die Gesellschaft in sich schliesst. Sie ist von der nachtheiligen Wirkung, welche die Unwahrheit im einzelnen Fall erzeugt, gänzlich unabhängig, und sie knüpft sich eben so gut an die Unzuverlässigkeit (Unwahrhaftigkeit aus Leichtsinn, Uebermuth, Nachlässigkeit, Bequemlichkeit), als an die bewusste und beabsichtigte Unwahrhaftigkeit: die Lüge und den Betrug. Wir haben demnach in Bezug auf die nachtheiligen Wirkungen der Unwahrhaftigkeit zwei Arten zu unterscheiden: die unmittelbaren und die mittelbaren; jene fallen zusammen mit dem praktischen Schaden für das Individuum, diese mit dem moralischen Schaden für die Gesellschaft.

Wenn man sich auf die 150 Jahre alte Sprache einlässt und diesen Absatz genauer liest, fällt etwas auf: Jhering nennt zwei verschiedene Arten von Unwahrheit – die beide die negativen Folgen für die Gesellschaft zeigen: »Unzuverlässigkeit (Unwahrhaftigkeit aus Leichtsinn, Uebermuth, Nachlässigkeit, Bequemlichkeit)« und »die bewusste und beabsichtigte Unwahrhaftigkeit: die Lüge und den Betrug«. Diese Unterscheidung kommt einem bekannt vor: Sie entspricht exakt den beiden »Grundtugenden der Wahrheit« von Bernard Williams: Genauigkeit und Ehrlichkeit. Die Unzuverlässigkeit ist ein Verstoß gegen die Tugend der Genauigkeit, die bewusste Unwahrhaftigkeit ein Verstoß gegen die Tugend der Ehrlichkeit.

Immanuel Kant, der ja ein absolutes Lügenverbot ohne Ausnahmen vertrat, fügte dem noch eine weitere Facette hinzu. Er betrachtet das Negative der Lüge nicht wie Jhering von den Folgen für die Allgemeinheit, sondern von der Bestimmung des Menschen her:

> Die größte Verletzung der Pflicht des Menschen gegen sich selbst, bloß als moralisches Wesen betrachtet (die Menschheit in seiner Person), ist das Widerspiel der Wahrhaftigkeit: die Lüge (...). Die Lüge ist Wegwerfung und gleichsam Vernichtung seiner Menschenwürde. Ein Mensch, der selbst nicht glaubt, was er einem anderen (...) sagt, hat einen noch geringeren Wert, als wenn er bloß Sache wäre; (...) aber die Mitteilung seiner Gedanken an jemanden durch Worte, die doch das Gegenteil von dem (absichtlich) enthalten, was der Sprechende dabei denkt, ist ein der natürlichen Zweckmäßigkeit des Vermögens der Mitteilung seiner Gedanken, geradezu entgegen gesetzter Zweck, mithin Verzichttuung auf seine Persönlichkeit und eine bloß täuschende Erscheinung vom Menschen, nicht der Mensch selbst.

Zentraler Punkt Kants – seine Sprache ist noch einmal hundert Jahre älter und war vermutlich damals schon etwas sperrig, dafür aber sehr präzise – bei dieser Überlegung ist, dass ein Mensch, der lügt, Worte verwendet, die das Gegenteil von dem enthalten, was er dabei denkt. Seine Gedanken ausdrücken zu können hält Kant jedoch für einen elementaren Teil davon, Mensch zu sein, deshalb verletzt jemand, der diese Fähigkeit dazu benutzt, gerade nicht seine Gedanken auszudrücken, sein Menschsein, das, was ihn wertvoll macht. Ein paar Absätze weiter schreibt Kant dann davon, dass der Mensch, wenn er lügt, sich damit selbst zur »Sprachmaschine« degradiert, weil das Gesprochene eben nicht an seinen inneren Zweck der Gedankenmitteilung gebunden bleibt.

Hierüber könnte man streiten, weil der Mensch ja bei der Lüge zwar vielleicht nicht seine innersten Gedanken mitteilt, aber dafür eine weitere Ebene hinzufügt, indem er kontrolliert, was von seinen Gedanken er preisgeben will und was nicht, und das, was er sich dafür ausgedacht hat, mitteilt. Der wirklich entscheidende Punkt dabei ist jedoch, dass sich durch die Lüge das Gesprochene vom Inhalt löst. Es geht hier wieder um die Lücke, den Gap, zwischen Lüge und Realität. Und wenn man nicht weiß, ob jemand gerade lügt oder nicht, entsteht nicht nur eine Lücke, sondern die Verbindung zwischen Gesprochenem und Inhalt geht vollständig verloren.

Ich könnte Sie zum Beispiel fragen, wie Ihnen dieses Buch gefällt. Wenn Sie mir antworten, dass Sie es grauenvoll finden, spricht manches dafür, dass Sie die Wahrheit sagen. Nicht weil ich das Buch selbst für grauenvoll halte, sondern weil es nicht so viele Gründe gibt, das als Lüge zu sagen. Die pure Boshaftigkeit schließe ich einmal aus. Wenn Sie mir jedoch antworten, dass Ihnen das Buch gefällt, kann ich ohne das Vertrauen, dass Sie mir die Wahrheit sagen, im Grunde nichts damit anfangen. Gut, Sie lesen ein Buch *Warum die Wahrheit sagen*?, das spräche dafür, Ihnen zu glauben. Andererseits sind Sie vielleicht ein konfliktscheuer Mensch, schrecken davor zurück, jemandem etwas Unerfreuliches zu sagen, oder wollen mir, aus welchen Gründen auch immer, schmeicheln. Oder Sie glauben einfach, die Höflichkeit gebietet es, auf diese Frage so zu antworten. (Dazu an dieser Stelle nur so viel: Es gibt zwischen falschem Lob und der Aussage, dass das Buch grauenvoll ist, mehr als genug Raum und Ausdrucksmöglichkeiten für Höflichkeit.) Das Ergebnis aber ist, dass ich aus Ihrer Antwort am Ende keine Information ziehen kann, weil ich nicht weiß, ob Ihre Aussage zutrifft oder nicht.

Denkt man das weiter, verliert Sprache den wichtigsten Teil ihrer Funktion. Im Extremfall wird sie reduziert auf ihren physikalischen Anteil und ist irgendwann nicht mehr als bewegte Luft oder gedruckte Buchstaben. Deshalb gefällt mir auch das Bild der »Sprachmaschine« bei Kant so gut – man sieht förmlich einen altertümlichen Apparat, vielleicht sogar in Menschenform, aus dem inhaltsleere Phrasen tönen. Aber man muss es gar nicht bis zu diesem Extrem denken, um das Problem zu erfassen.

Unser Leben ist davon gekennzeichnet, dass wir in sozialen Gruppen leben, die immer größer werden. Wenn man das Internet in seiner Bezeichnung als World Wide Web heranziehen und Globalisierung und die globalen Auswirkungen unseres Lebens betrachten will, könnte man sogar sagen, in einer einzigen großen, über sieben Milliarden, demnächst über acht Milliarden Menschen umfassenden Gruppe. Und besonders zeichnet sich diese moderne Welt durch Arbeitsteilung aus. Der Philosoph Michael P. Lynch schreibt in seinem Buch *True to Life* dazu: »Wir müssen in der Lage sein, uns meistens die Wahrheit zu sagen, wenn wir zusammenarbeiten wollen. Um zusammenzuarbeiten, müssen wir Informationen teilen, und um das zu tun, hilft es, ehrlich zu sein.« Auch das muss man nicht bis zum Extrem der weltweiten Zusammenarbeit denken, das Problem stellt sich schon im kleinsten Kreis: Jede Form der Zusammenarbeit, vermutlich schon jede Form des Zusammenlebens, erfordert den Austausch von Informationen. Und man muss nicht sehr tief in die Philosophie eintauchen, um festzustellen, dass dieser Austausch nicht funktionieren kann, wenn die Beteiligten nicht darauf vertrauen können und deshalb nicht wissen, ob die Information, die sie bekommen haben, richtig ist. Man kann sich an dieser Stelle noch einmal den Satz von Harry G. Frankfurt ins Gedächtnis rufen: »Niemand, der bei Sinnen ist, würde sich auf einen Baumeister verlassen oder sich der

Behandlung eines Arztes anvertrauen, der sich nicht um die Wahrheit kümmert.« Das gilt nicht nur für das Verhältnis dieser beiden Personen zur Realität, sondern auch für deren Zusammenarbeit und Informationsgewinnung. Niemand würde sich von einem Arzt behandeln lassen wollen, der nicht sicher ist, ob die Behandlungsmethode, die er anwenden will, wirklich wirksam ist, weil er den entsprechenden Fachveröffentlichungen nicht trauen kann. Medizin funktioniert wie jede Wissenschaft nur dann, wenn sich die Beteiligten darauf verlassen können, nicht belogen zu werden. Im Fall der Wissenschaften gelten sogar noch strengere Maßstäbe: Sie müssen sich auf beide Tugenden der Wahrheit im Sinne Bernard Williams' verlassen können. Nicht nur auf die Ehrlichkeit, sondern auch auf die Genauigkeit, also darauf, dass die anderen Wissenschaftler sich ebenso um die Wahrheit bemüht haben.

Bleibt noch der dritte, aus meiner Sicht entscheidende Grund, der gegen die Lüge und für die Wahrhaftigkeit spricht: die Manipulation. Man muss sich zwei Dinge klarmachen: Die Lüge, und zwar jede Lüge, auch die noch so wohlmeinende, beinhaltet eine Manipulation des Belogenen und die Ausübung von Macht durch den Lügner. Zur Erinnerung noch einmal die Definition der Lüge durch Augustinus: »Die Lüge ist offensichtlich eine unwahre mit dem Willen zur Täuschung vorgebrachte

Aussage.« Zum Wesen der Lüge gehören deshalb die Täuschung und die unwahre, falsche Information. In jeder Täuschung steckt eine Manipulation, der Täuschende bestimmt durch die Täuschung, was der Getäuschte denkt. Das ist ja gerade das Ziel der Täuschung. Derjenige, der täuscht, kriecht gewissermaßen in den Kopf des Getäuschten und pflanzt dort die Täuschung ein – als Brückenkopf seiner Interessen. Der Belogene wird insoweit zur Marionette des Lügners.

In dieser Manipulation liegt natürlich auch eine Form von Machtausübung. Aber die Machtausübung beginnt bei der Lüge schon viel früher, sie liegt bereits in der falschen Information. Khaled Hosseini lässt in seinem Roman *Drachenläufer* seinen Vater Baba sagen: »Wenn du eine Lüge erzählst, stiehlst du einem anderen das Recht auf die Wahrheit.« Ich glaube, er stiehlt ihm nicht nur das Recht auf die Wahrheit, sondern auch die Wahrheit selbst. Allein die Auswahl der Information, das Austauschen der Wahrheit gegen die falsche Information, stellt schon eine Machtausübung dar. Der Lügner bestimmt, was der oder die Belogene erfährt, welchen Teil der Wirklichkeit er oder sie zu sehen bekommt und welche ihm oder ihr verschlossen bleiben. Das gilt erst recht, wenn die Lüge in einem ohnehin schon bestehenden Machtverhältnis – sei es sozial, emotional, wirtschaftlich oder politisch – erfolgt. Bernard Williams schreibt dazu aus der Sicht dessen, der belogen wird:

> Der Betrogene begreift die ungeschminkte Lüge als nackte und unmittelbare Ausübung von Macht über ihn selbst, ohne dass von seinem eigenen Standpunkt irgend etwas für diese Anwendung der Macht spräche, und das ist eine mustergültige Ursache von Groll: Es handelt sich nicht nur um Enttäuschung und Zorn, sondern um Demütigung und die Einsicht, dass man in ganz buchstäblichem Sinne zum Narren gehalten wurde.

Dem ist fast nichts mehr hinzuzufügen, vielleicht nur noch ein Gedanke, weil sich hier der Bogen nach oben, zum vorherigen Punkt schließt: Warum empfindet man die direkte Lüge als so viel unverfrorener und kränkender als andere Formen der Täuschung? Oft ist man besonders fassungslos, wenn einem jemand wörtlich *ins Gesicht lügt*. Ich glaube, das hängt mit den zuvor angestellten Überlegungen zur Kommunikation zusammen. Die Lüge enttäuscht nicht nur das Vertrauen, das man in den Lügner hatte, sondern beschädigt auch das Vertrauen in die Kommunikation als Fundament des Zusammenlebens. Man fällt, in den Worten Hannah Arendts, »ins Bodenlose«.

In einem Text für das Magazin *The New Yorker* beschreibt die US-amerikanische Historikerin und Autorin Jill Lepore eine Begebenheit aus ihrer Kindheit. Als sie acht oder neun Jahre alt war, stahl ein gemeines Kind aus ihrer Straße ihren Baseballschläger. Es handelte sich um ein Exemplar der bekannten Marke Louisville Slugger, das Geld für ihn hatte sie mit Zeitungsaustragen verdient. Um ihn zu kennzeichnen, hatte sie mit dem Nagellack ihrer Mutter in Pink ihren Nachnamen »Lepore« daraufgeschrieben. Als sie zum Haus des Jungen ging, traf sie ihn dort dabei an, wie er im Hof seinen Schlag übte. Sie forderte ihn auf, den Schläger zurückzugeben. Nein, sagte der Junge, er gehöre ihm. In dem Moment glaubte Lepore, die Oberhand gewinnen zu können: Ach ja, und warum stehe dann ihr Name auf dem Schläger? Der Junge war jedoch gerissen und sagte, dass Lepore auch der Name des Baseballteams in der Stadt in Italien sei, aus der er stamme, und dass jeder dort Schläger wie diesen habe. Angesichts dieser dummen Geschichte sagte Lepore: »Du bist ein Lügner. Er gehört mir.« Der

Junge entgegnete: »Beweise es!«, und stieß sie mit dem Schläger an die Brust. »Kämpfe um ihn«, forderte er sie auf. Lepore wusste, wenn es zu einem Wettkampf kommen sollte, hätte sie nur bei einem mit dem Fahrrad eine Chance, also schlug sie ein Rennen mit ihren Rädern vor. Sie wollte nicht kämpfen, der fiese Junge aber wollte kein Rennen fahren, deshalb entschied sich Lepore für einen Kampf der Fakten: Sie ging in die Bibliothek. Gab es überhaupt Baseball in Italien? Ein bisschen. War ihr Name der eines Baseballteams? Das ließ sich nicht klären, aber sie lernte, dass Lepore lateinisch für »Hase« stand, was ihr zwar nicht weiterhalf, sie aber so faszinierte, dass sie vergaß, warum sie es nachgeschlagen hatte. Den Schläger bekam sie nie wieder zurück.

Als Historikerin stellte Lepore anhand dieser Geschichte fest, dass das Beweisrecht, das unter Kindern herrscht, im Grunde mittelalterlich sei. Was sie, die beiden Kinder, vorgeschlagen hatten, war eine Art Gottesurteil oder Ordal. Das konnte in Form eines Zweikampfs erfolgen oder durch eine körperliche Probe, früher etwa die Feuerprobe, bei der man über glühende Pflugscharen laufen oder seine Hand in ein Feuer halten musste. Blieb man unverletzt oder die Brandwunde heilte schnell, ohne zu eitern, war die Unschuld erwiesen. Wie selbstverständlich diese für uns doch befremdliche Idee der Feuerprobe gewesen sein muss, lässt sich aus der Tatsache erahnen, dass sie sich mit der geläufigen Redensart, man würde für jemanden »die Hand ins Feuer legen«, bis in die heutige Zeit erhalten hat. Beim Streit der beiden Kinder um den Baseballschläger stand ein Zweikampf als Probe an, entweder ein direkter körperlicher Kampf, wie ihn der fiese, vermutlich körperlich stärkere Junge bevorzugt hätte, oder ein Rennen, wie es die auf dem Fahrrad schnellere Jill wollte: »Wenn dieses Kind und ich ein Fahrradrennen veranstaltet hätten, und ich hätte gewonnen, hätte der Baseballschläger mir gehört, denn mein Sieg wäre der gottgegebene Beweis gewesen, dass er mir schon immer gehört hatte: In solchen Fällen ist das Ergebnis selbst der Beweis.« Lepore meint, der Zweikampf und die verschiedenen Proben würden die Entscheidung in die Hand Gottes legen. Ziehe man hingegen, wie es bei einem Gerichtsverfahren in Amerika der Fall wäre, Geschworene heran, lege man die Entscheidung in die Hände von Menschen. Das aber erfordere, so Lepore, eine andere Art von Beweis: Fakten.

Genau das war es, was die junge Jill wollte, als sie in die Bibliothek ging: Die Fakten überprüfen, in diesem Fall die offensichtliche Lügengeschichte des Jungen als solche entlarven, seine Lügen mit Fakten widerlegen. Es ging um eine Methode, mit der man die Welt der Wahrheit entdecken könnte: unparteiisches, überprüfbares Wissen. Allerdings, so Lepore, sei dieser Übergang vom Zweikampf und Gottesurteil zu den Fakten nicht nur bei Kindern, sondern auch in der Gesellschaft insgesamt offenbar nicht vollständig gelungen. Lepore hatte ihren Text mit den typischen Fernsehduellen und -debatten im US-amerikanischen Präsidentschaftswahlkampf begonnen und kehrte an dieser Stelle wieder zu ihnen zurück. Eine solche TV-Debatte der Kandidaten, schloss sie, habe weit mehr mit einem dieser archaischen Zweikämpfe zu tun als damit, die Zuschauer wie Geschworene mit Fakten zu überzeugen.

Hier wird es interessant: Beim Gegensatz zwischen dem Beweis durch Zweikampf und dem Beweis durch Fakten; und bei der Frage, was von beidem auch heute noch – oder wieder – in der Politik und der Gesellschaft die Oberhand hat.

Zunächst muss man sich eines klarmachen. Der Zweikampf wurde damals als eine Form des Gottesurteils angesehen: Wer gewinnt, hat offenbar Gott auf seiner Seite. In Wirklichkeit aber dürfte es meistens um etwas ganz anderes gegangen sein und gehen: um Macht, und zwar sehr weltliche Macht.

Das Verhältnis von Macht und Wahrheit ist ein großes Thema des französischen Philosophen Michel Foucault. Im Grunde vertritt er die These, dass die »Wahrheit« nicht objektiv und absolut ist, sondern durch ein System der Macht erzeugt wird, zu dem Wissenschaft, Universitäten, Medien, die Armee und die Regierung gehören. Umgekehrt beeinflusst die »Wahrheit« wiederum dieses System. Foucault setzt »Wahrheit« dabei in Anführungszeichen, und ich glaube, es wäre besser, in diesem Zusammenhang davon zu sprechen, »was als Wahrheit gilt«. In seinem Buch *Die Wahrheit und die juristischen Formen* beschäftigt sich Foucault jedoch mit dem, worüber auch Jill Lepore schrieb: wie sich die Wahrheitsfindung im Recht entwickelt hat. Foucault stellt fest, dass es im antiken Griechenland eine neue Erfindung gab, wie man einen Rechtsstreit entscheiden kann. In Homers *Ilias* aus dem 8. oder 7. vorchristlichen Jahrhundert wird ein Streit zwischen zwei Kriegern, Antilochos und Menelaos, noch entschieden, indem der eine den anderen zum Schwur herausfordert und der Sieger dieses Zweikampfes dann im Recht ist. Es gibt zwar jemanden, der den Gegenstand des Streits – ein Wagenrennen – beobachtet hat und deshalb Auskunft geben könnte, der aber wird nicht zurate gezogen. In dem Drama *König Ödipus* von Sophokles, entstanden zwischen 429 und 425 v. Chr., taucht hingegen eine neue Figur auf, die dazu beiträgt, das Recht zu finden, in diesem Fall zu klären, wer König Laïos getötet hat: ein Hirte, aber eben in einer besonderen Funktion, nämlich als Zeuge. Foucault schreibt dazu:

> Obwohl er ein unbedeutender Mensch, ein Knecht ist, hat der Hirte in seiner Hütte etwas gesehen, und weil er über dieses Bruchstück einer Erinnerung verfügt, weil er in seiner Aussage berichtet, was er gesehen hat, kann er dem Stolz des Königs oder der Anmaßung des Tyran-

nen entgegentreten und sie zunichte machen. Der Zeuge, der gemeine Zeuge, kommt selbst gegen den Mächtigsten an, wenn er sich einzig auf die Wahrheit stützt, die er gesehen hat und über die er berichtet.

Alles, was er können muss, ist zu sagen, was war oder was nicht war. Das entspricht dem, was Aristoteles nicht einmal ein Jahrhundert später in seiner *Metaphysik* dann als Wahrheit definierte: »Zu sagen nämlich, das Seiende sei nicht oder das Nicht-Seiende sei, ist falsch, dagegen zu sagen, das Seiende sei und das Nichtseiende sei nicht, ist wahr.«

Foucault betont, wie diese Erfindung nicht nur das Rechtswesen, sondern auch die Gesellschaft revolutioniert und im Endeffekt die Demokratie ermöglicht hat:

> Diese große Errungenschaft der griechischen Demokratie, dieses Recht, Zeugnis abzulegen, der Macht die Wahrheit entgegenzusetzen, ging aus einem langen Prozess hervor, der im Laufe des 5. vorchristlichen Jahrhunderts in Athen endgültig in Gang kam. Dieses Recht, einer Macht ohne Wahrheit eine Wahrheit ohne Macht entgegenzusetzen, führte zu einer Reihe großer kultureller Formen, die charakteristisch für die griechische Gesellschaft waren.

Leider, so Foucault, geriet diese Erfindung im weiteren

Verlauf der Geschichte in Vergessenheit und wurde erst im Mittelalter wieder aufgegriffen. In der Zwischenzeit galt im germanischen Recht so wie im archaischen Griechenland die Probe, zum Beispiel ein Zweikampf, wie ihn auch Jill Lepore in ihrer Geschichte beschreibt. Foucault berichtet noch von einer anderen Regel im alten burgundischen Recht des 11. Jahrhunderts. Ihr zufolge konnte jemand, der eines Mordes beschuldigt wurde, vollkommen seine Unschuld beweisen, indem er zwölf Zeugen beibrachte, die schworen, dass er den Mord nicht begangen habe. Aber nicht indem sie ihm ein Alibi bescheinigten oder schworen, das Opfer noch lebend gesehen zu haben, sondern die Zeugen mussten mit dem Beschuldigten verwandt sein und bezeugten im Grunde nur dessen gesellschaftliche Bedeutung. »In diesem System ging es nicht um den Beweis der Wahrheit, sondern der Kraft, des Gewichts, der Bedeutung dessen, der sprach.« Aber eben auch der Zweikampf war im germanischen Recht vorgesehen. Darin fand man – unter der Bezeichnung des Gottesurteils – heraus, wer der Stärkere war. In den Worten Foucaults: »Wer aus diesem Zweikampf als Sieger hervorging, der gewann den Prozess, ohne dass man ihm die Möglichkeit gegeben hatte, die Wahrheit zu sagen, oder vielmehr von ihm zu verlangen, die Wahrheit seines Anspruchs zu beweisen.« Es ging hier um Stärke, Macht und Gewalt, so Foucault: »Im alten germanischen Recht ist der Prozess nur die geregelte und ritualisierte

Fortsetzung des Krieges.« Erst ab dem Ende des 12. Jahrhunderts habe man wieder eine Form entwickelt, Wissen im Rechtsstreit auf andere Weise zu gewinnen, ähnlich dem Zeugnis im alten Griechenland, und zwar durch die Untersuchung (enquête).

Dieser Ausflug in die Rechtsgeschichte soll etwas zeigen, dessen Bedeutung weit über das Rechtssystem hinausweist. Foucault hat es herausgestrichen: Die Einführung der Wahrheit, die man nachweisen und überprüfen kann, ist zugleich Voraussetzung für die Demokratie. Worauf sollten sich die Entscheidungen der Bürger sonst gründen? Nur auf soziale Stellung, wirtschaftliche Stärke oder Macht wie beim archaischen Rechtssystem? Das wäre keine echte Demokratie.

Die wirklich wichtige Erkenntnis, die man aus Foucaults Überlegungen gewinnen kann, ist die Funktion der Wahrheit im Recht und entsprechend in der Demokratie. Die Wahrheitssuche und die Feststellung der Wahrheit haben andere Methoden ersetzt, die man teilweise als »Gottesurteil« bezeichnete, die aber im Endeffekt auf der jeweiligen sozialen, wirtschaftlichen, körperlichen oder militärischen Stärke und Macht der Kontrahenten basierten. Wer den Zweikampf oder die Probe für sich entschied, hatte recht und bekam recht – das Recht des Stärkeren zulasten der sozial, wirtschaftlich oder körperlich Schwächeren. Genau darin liegt der große zivilisatorische Gewinn der Wahrheitsermittlung durch Fakten: Sie verhindert, dass das Recht des Stärkeren sich durchsetzen kann und entscheidet.

Um das vor Gericht zu gewährleisten, gibt es heute die sogenannten Aussagedelikte, die Falschaussagen unter Strafe stellen. Im deutschen Strafrecht sind das die uneidliche Falschaussage (§ 153 StGB) und der Meineid (§ 154 StGB). Die Falschaussage ohne Eid wird mit bis zu fünf Jahren Freiheitsstrafe bedroht, der Meineid mit mindestens einem Jahr, die Höchststrafe beträgt 15 Jahre. Das entspricht der Strafe für Landesverrat. Delikte wie Menschenraub und Brandstiftung haben geringere Strafdrohungen. Was man daran erkennt: Die Aussagedelikte werden in der Rechtsordnung sehr hoch eingeordnet. Das könnte man nun als Ausfluss der Macht des Rechtssystems sehen, das nicht mit sich spaßen lässt. Man kann es aber auch als eine Art Notwehr oder letzte Verteidigungslinie sehen. Der Zeugenbeweis ist, weil er sich auf Menschen mit all ihren Fehlern stützt, durchaus kritisch und vorsichtig zu bewerten. Es gibt Fehler bei der Erinnerung des Zeugen und Fehler bei der Bewertung der Glaubwürdigkeit durch den Richter. Dennoch ist der Zeugenbeweis nach wie vor eines der wichtigsten Beweismittel und wird vielleicht noch wichtiger, wenn man sieht, wie dank immer perfekterer Ton- und Bildbearbeitung und künstlicher Intelligenz inzwischen Ton- und Videoaufnahmen immer besser verfälscht oder sogar komplett gefälscht werden können *(deep fake)*.

»Wenn's der Wahrheitsfindung dient«, lautete das berühmte Zitat des Berliner Aktivisten und Kommunarden Fritz Teufel, als er in einem Strafprozess gegen ihn vor dem Landgericht Berlin am 2. Juni 1967 aufgefordert wurde, aufzustehen, wenn der Vorsitzende Richter den Saal betritt. Was Teufel dann mit ebenjenem Satz auf den Lippen tat. Der Satz schaffte es an diesem Tag in die *Tagesschau* und ging in die Rechtsgeschichte ein. Teufel spielte damit vor allem auf einen zentralen Punkt des Strafprozesses und im Grunde jedes Prozesses an: die Wahrheitsfindung. Herauszufinden, wie es war oder wie es ist. Das Recht verteidigt mit den hohen Strafen für Aussagedelikte eine seiner Grundfesten: das Bestreben, die Wahrheit zu finden. Es hinterlässt einen bleibenden Eindruck, wenn man miterlebt hat, wie ein Zeuge aus dem Zeugenstand heraus verhaftet und abgeführt wird, weil ihm das Gericht eine Falschaussage vorwirft. Das Rechtssystem reagiert an dieser Stelle so hart, weil es, wenn es dieses Mittel der Wahrheitsfindung verliert, wenig andere hat. Foucault hat gezeigt, was anstelle der Wahrheit stand und eben für lange Zeit wiederkam, als die Idee des Zeugen aus der griechischen Antike in Vergessenheit geraten war: das Recht des Stärkeren, Kraft, Macht, Einfluss.

Es mag ein wenig pathetisch klingen, aber hier zeigt sich, warum es sich lohnt, die Wahrheit und die Pflicht, die Wahrheit zu sagen, so hochzuhalten und zu verteidigen. Sie sind das, was uns vor dem Recht des Stärkeren und damit vor der Gewalt schützt.

Foucault hatte sich nicht umsonst das Rechtssystem für seine Untersuchungen ausgesucht und das Buch *Die Wahrheit und die juristischen Formen* genannt. Denn es ist das Wesen des Rechtssystems, dass es Vorgehensweisen festlegt, formalisiert. Dazu entwickelt es juristische Formen, die man gut untersuchen kann, weil sie in Gesetzen festgelegt sind. Diese Formen bilden aber zugleich das zugrunde liegende gesellschaftliche und politische System ab. Eine Untersuchung der juristischen Formen vermag also auch ein Schlaglicht zu werfen auf die Gesellschaft und darauf, wie sie funktioniert.

Wem das zu alarmistisch klingt, weil er oder sie sich nicht vorstellen kann, dass die Gefahr droht, wieder ins juristische Mittelalter mit seinen Proben, Gottesbeweisen und Zweikämpfen zurückzufallen, sollte sich Jill Lepores Überlegungen zu den letzten US-amerikanischen Präsidentschaftsdebatten in Erinnerung rufen. Hier ging es nicht mehr um Fakten, sondern um Machtdemonstrationen. Vielleicht ist manchen noch in Erinnerung, wie der ungleich größere und massigere Donald Trump bei einer der TV-Debatten um Hillary Clinton herumschlich, während sie sprach – damit übertrumpfte er sie rein körperlich und punktete dadurch beim Publikum.

Und noch eine Beobachtung, ebenfalls aus den USA, ist interessant. Was Donald Trump, der ja kein besonders ausgeprägtes Verhältnis zur Wahrheit hat, in politischen und juristischen Auseinandersetzungen als wichtigstes und schlagendes Argument für die Unschuld eines von Fakten bedrängten Beschuldigten bringt: »He's a good man.« So etwa bei seinem früheren Wahlkampfmanager Paul Manafort, der sich später selbst schuldig bekannte. Oder bei dem mittlerweile gewählten Kandidaten für den Obersten Gerichtshof, Brett Kavanaugh, als es um die Anschuldigungen der sexuellen Nötigung zu Studienzeiten ging. In einer Wahlkampfrede nannte Trump Kavanaugh einen »good man«, »fine man« und »great man«, den man zu zerstören versuche. Bei der Untersuchung des Falls durch das FBI hingegen beschränkte das Weiße Haus deren Umfang, und zwar sowohl die Dauer der Untersuchung als auch die Zahl der zu befragenden Zeugen. Als im Fall des Anfang Oktober 2018 im saudischen Konsulat in Istanbul ermordeten Regimekritikers Jamal Khashoggi die CIA zu dem Ergebnis kam, der von Trump sehr geschätzte saudische Kronprinz Mohammed bin Salman persönlich habe »mit hoher Wahrscheinlichkeit« den Mord an Khashoggi autorisiert, nannte Trump die Schlussfolgerungen sehr voreilig. Zuvor hatte er in einem Interview betont, der Kronprinz habe ihm versichert, er habe nichts damit zu tun. Und schließlich die Frage der russischen Einmischung in den US-amerikanischen Präsidentschaftswahlkampf. Die amerikanischen Nachrichtendienste waren zu dem Schluss gelangt, dass ihren Erkenntnissen zufolge Russland mit hoher Wahrscheinlichkeit hinter den Aktionen steckte. Trump traf Putin im Juli 2018 in Helsinki und sagte vor dem Treffen: »Do you know what? Putin's fine, he's fine, we're all fine, we're people.« Nach dem Treffen verkündete er bei der Pressekonferenz, Putin habe ihm gesagt, es sei nicht Russland gewesen. Er, Trump, sehe daher keinen Grund, warum es so gewesen sein sollte. Gegen die Fakten der eigenen Geheimdienste.

Die Parallelen all dieser Fälle zu den zwölf Zeugen im mittelalterlichen burgundischen Recht sind fast unglaublich. Auch da mussten die Zeugen sich nicht mit den Fakten des Mordes beschäftigen, sondern nur dem Beschuldigten ihre Treue bezeugen. Foucault schreibt dazu: »Das bewies die Solidarität, auf die der Betreffende zählen konnte, sein Gewicht, seinen Einfluss, die Bedeutung der Gruppe, der er angehörte, und der Menschen, die bereit waren, ihn in einem Kampf oder Konflikt zu unterstützen. Um den Beweis der Unschuld, den Beweis, dass er die fragliche Tat nicht begangen hatte, ging es dabei nicht.«

Man will es ja kaum in dieser Dramatik formulieren, aber man kommt fast nicht umhin: Was wir momentan an etlichen Stellen – und keineswegs bloß im Weißen Haus Trumps – an Umgang mit Fakten und Wahrheit beobachten, ist ein Schritt zurück Richtung Mittelalter.

Nachdem nun schon mehrfach Politiker auftauchten oder zu Wort kamen, scheint es sinnvoll, etwas genauer über das grundsätzliche Verhältnis von Politik und Wahrheit nachzudenken. Wobei viele da wohl nicht besonders lange nachdenken würden. In Umfragen darüber, wie sehr die Menschen verschiedenen Berufsgruppen vertrauen, landet eine regelmäßig auf den letzten Plätzen: Politiker. Im Jahr 2018 vertrauten ihnen nur noch 14 Prozent der Befragten in Deutschland. Als einer der Gründe für dieses eklatante Misstrauen wird immer wieder genannt, dass Politiker es mit der Wahrheit nicht so genau nähmen, dass sie also, anders ausgedrückt, ständig lügen würden. Zu dieser Annahme dürften zwei Personen beigetragen haben, die man kaum wagt, in einem Atemzug zu nennen: Donald Trump und Platon.

Dass Donald Trump es mit der Wahrheit nicht so genau nimmt, kann fast als Allgemeingut gelten. Deshalb ist er in diesem Buch auch schon mehrfach aufgetaucht. Was die Tatsache, dass der vielleicht mächtigste Mensch der Erde sich im Grunde nicht um die Wahrheit schert, für die Politik und die Gesellschaft bedeutet, ist allerdings so weitreichend, dass ich noch ein paarmal auf ihn zurückkommen werde. Genauer gesagt, zurückkommen *muss*, denn eigentlich will man gar nicht mehr darüber nachdenken und schreiben. Aber das Ausmaß ist einfach beispiellos. Die *Washington Post* – nicht umsonst einer von Trumps Lieblingsfeinden innerhalb der Medien – beschäftigt Faktenchecker, die alle Aussagen Donald Trumps auf ihren Wahrheitsgehalt überprüfen. Das Ergebnis ist niederschmetternd: In den ersten 100 Tagen seiner Amtszeit hat Trump im Schnitt 4,9 falsche oder irreführende Behauptungen pro Tag aufgestellt. Mitte 2018 lag der Schnitt seit Amtsantritt bereits bei 7,6, in den Monaten Juni und Juli 2018 jeweils bei 16 pro Tag. Vor den Midterms, den Kongress- und Senatswahlen in der Mitte der Amtszeit des Präsidenten im November 2018, steigerte sich der Schnitt noch einmal auf 30 pro Tag. Einen Höhepunkt – man sollte vielleicht besser von einem Tiefpunkt sprechen – stellte der 7. September 2018 dar, mit sage und schreibe 125 falschen oder irreführenden Äußerungen. Und das innerhalb eines Zeitraums von nur 120 Minuten, so die Fact Checker der *Washington Post*.

Es wird einem schwindelig vor Augen bei diesen Zahlen, man zweifelt an seinem eigenen Verstand und dem von Donald Trump. Dass es aber mehr als falsch wäre, wegen Trumps Umgang mit Lüge und Wahrheit –

der Rest sei außen vor – an dessen Verstand zu zweifeln, wird sich im Laufe der nächsten Seiten zeigen. Vielleicht würde man sogar als Erstes an den Zahlen zweifeln, wüsste man nicht, dass die *Washington Post* extrem penibel recherchiert. Die Sorgfalt kann man übrigens schon allein daran erkennen, dass die Zeitung am 23. August 2018, nachdem sie bereits Tausende von »false or misleading claims« identifiziert hatte, zum ersten Mal ausdrücklich von einer »Lüge« sprach. Vorher nicht, und zwar mit einer Begründung, die zeigt, dass man sich dort sorgfältig und genauer mit der Theorie der Lüge auseinandergesetzt hat: Man könne nicht in die Köpfe schauen und deshalb nicht nachweisen, dass es sich bei den falschen Behauptungen wirklich um eine Lüge handle.

Nur scheint all das bei den Anhängern von Trump nicht anzukommen. Im Gegenteil. Umfragen zufolge vertrauten im gleichen Zeitraum, in dem die *Washington Post* Abertausende von Falschheiten nachgewiesen hat, dennoch 91 Prozent der »Strong Trump Supporters« ebenjenem Trump als Quelle für korrekte Informationen. Freunden und Familie vertrauten dafür nur 63 Prozent von ihnen und den Mainstream Media, also den klassischen Medien, sogar nur 11 Prozent, was das Ausmaß des Problems erahnen lässt. Trumps Anhänger schenken den oft erkennbar nur schnell hingeschriebenen und aus dem Programm seines Lieblingssenders *Fox News* übernommenen Kurzmeldungen und Übertreibungen offenbar weit mehr Glauben als einer genauen, nachlesbaren und somit für jedermann überprüfbaren Recherche. Einer Recherche, die den Abgleich zwischen der Behauptung und der Realität – dem, wie es ist – vollzieht. Da fällt einem fast nur noch Shakespeare ein: Ist es auch Wahnsinn, so hat es doch Methode.

Und auch hier trifft Shakespeares Satz ins Schwarze. Dahinter steckt tatsächlich weit mehr als nur Wahnsinn. Ich glaube, man kann wirklich eine Art Methode finden, nämlich Mechanismen oder Ideen, die das Phänomen zumindest teilweise erklären und Trumps Begabung – vielleicht sollte man besser von »Gerissenheit« sprechen – auf diesem Gebiet zeigen. Zugleich zeigen sie aber auch, wie wichtig es ist, gerade in der Politik darauf zu bestehen, dass dort die Wahrheit gesagt wird.

Eine dieser Ideen findet sich bei dem griechischen Philosophen Platon. Platon hielt, für einen Philosophen wenig überraschend, die Wahrheit sehr hoch. Allerdings mit entscheidenden Einschränkungen. So schreibt er in seinem Buch *Nomoi* (Gesetze): »Der Wahrheit nun kommt unter allen Gütern die oberste Stelle zu, bei Göttern ebenso wie bei Menschen.« In seinem Buch *Politeia* (Der Staat) äußert er sich zunächst ähnlich, wenn auch vielleicht ein klein bisschen weniger absolut: »Aber auch die Wahrheit müssen wir doch gar sehr hoch ansetzen.« Dann aber fährt er fort, dass Täuschung den Göttern unnütz, den Menschen aber heilsam sei, »nach Art der Arznei: so ist doch offenbar, dass wir dergleichen den Ärzten überlassen müssen, andere, Unkundige aber sich nicht damit befassen dürfen«. Und weiter: »Also denen, die in der Stadt regieren, wenn überhaupt irgend jemandem, kann es zukommen, Unwahrheiten zu reden, der Feinde und der Bürger wegen, zum Nutzen der Stadt; alle andern aber dürfen sich hiermit gar nicht befassen.«

Man muss das ein wenig sacken lassen: Die Regierenden der Stadt, im Stadtstaat Athen war damit der Staat gemeint, die Politiker also, wie wir heute sagen würden, dürfen Platon zufolge lügen. Nun muss man zu Platons Verteidigung sagen, dass er im gleichen Buch die Philosophenherrschaft forderte, dass also nur die Weisesten die Herrschaft haben sollten, die dann wie ein Arzt gegenüber den Kranken wissen, was gut ist und was nicht. Und weil die Unwahrheit gefährlich, aber manchmal notwendig sei, wie eben Arzneimittel, könnten das nur die wirklich Weisen entscheiden. Eine Art Rezeptpflicht für Lügen.

Ein wenig erinnert das an das berühmte Zitat des damaligen Bundesinnenministers Thomas de Maizière, als er, wenige Tage nach den Terroranschlägen in Paris während des Länderspiels Frankreich–Deutschland im November 2015, zu den Gründen der Absage des Fußballländerspiels Deutschland–Holland in Hannover gefragt wurde: »Verstehen Sie bitte, dass ich darauf keine Antwort geben möchte. Warum? Ein Teil dieser

Antworten würde die Bevölkerung verunsichern.« Später erklärte er, er bereue diese Wortwahl, nur habe man zu dem Zeitpunkt, nachdem das Länderspiel abgesagt war, noch einen zweiten Anschlag befürchtet, der möglicherweise den Hauptbahnhof von Hannover getroffen hätte. Auch in Paris war es ja nicht nur am Stadion selbst, sondern auch in der Innenstadt zu Attentaten gekommen. Nun hat de Maizière hier nicht gelogen, sondern lediglich eine Information vorenthalten, weil er meinte, das solle die Bevölkerung nicht wissen. Dennoch erkennt man hier sehr deutlich die Parallele zu Platons Idee und dessen Beispiel des Arztes, der besser weiß, was für den Patienten gut ist und wie viel von welchem Medikament er ihm geben darf und muss, ohne ihn zu schädigen.

Man erkennt allerdings auch die Problematik. Denn dahinter steckt, wenn man es freundlich ausdrückt, ein Paternalismus. Der Staat oder eben hier de Maizière als Vertreter des Staates weiß demnach »wie ein Vater«, gemäß dem alten Verständnis des *pater familias*, also des Familienvorstandes, besser, was für seine Familienmitglieder gut ist, und entscheidet »väterlich« für sie. Wenn man es härter formuliert, geht es um Manipulation oder ein autoritäres Staatsverständnis. Genau dies ist auch einer der großen Kritikpunkte an Platons Idee vom Staat und von der Herrschaft der Philosophen, geäußert vor allem von Karl Popper in seinem bekannten Werk *Die offene Gesellschaft und ihre Feinde* aus dem Jahr 1945. Obwohl Popper Platon als wahrlich großen Philosophen schätzte, sah er in dessen Vorstellung vom Staat und der Herrschaft der Philosophen ein Modell für totalitäre Herrschaft. Unter anderem mit Verweis auf genau diese Rechtfertigung der Lüge, die man auch als Propagandalüge bezeichnen kann, wie sie typisch für totalitäre Systeme ist. Zudem beinhaltet die zunächst gut klingende Idee, dass ein Philosoph – also jemand, der sein Leben der Weisheit widmet – herrschen soll, tatsächlich eine große Gefahr: Sie basiert darauf, dass derjenige mehr weiß als das Volk und deshalb auch besser entscheiden kann, was für das Volk richtig ist. Das jedoch ist unübersehbar ein Einfallstor für totalitäre Strömungen. Und wer meint, bei uns drohe diesbezüglich kaum Gefahr: Umfragen zeigen immer wieder, wie verbreitet der Wunsch nach einem »starken Führer« ist. Zwar je nach Fragestellung und Land in unterschiedlichem, aber überall – auch hierzulande – erschreckendem Umfang, besonders in unruhigen oder auch nur gefühlt unruhigen Zeiten.

Was bedeutet das nun für die Wahrheit in der Politik? Nach all diesen Überlegungen könnte der Eindruck entstanden sein, da Politik und Lüge offenbar so eng verknüpft sind, muss man nicht nur fast zwangsläufig damit rechnen, dass Politiker lügen, sondern dass diese Lügen gerechtfertigt sein könnten, am Ende womöglich sogar gut. Deshalb halte ich es für wichtig, klarzustellen, dass dem keinesfalls so ist. Im Gegenteil. Die Politik ist eines der Gebiete, auf denen die Lüge besonders verheerend wirken kann. Man muss also umgekehrt besonders darauf bestehen, dass sich die Beteiligten an die Wahrheit halten. Die Nähe der Politik zur Lüge ist eine Nähe wie die des Seefahrers zum Wasser – und damit zum Ertrinken. Eine Nähe, die zwar in der Natur der Sache liegt, die aber deshalb nicht weniger gefährlich, sondern im Gegenteil umso gefährlicher ist.

Was meine ich damit? Es besteht die Gefahr der Aushöhlung der Demokratie. Wesen der Demokratie ist, dass das Volk (griechisch *dēmos*) die Macht oder Herrschaft (griechisch *kratós*) hat: Volksherrschaft. Das Volk ist also der Souverän, »alle Staatsgewalt geht vom Volke aus«, wie es im deutschen Grundgesetz heißt. Ausgeübt wird sie durch Wahlen und Abstimmungen. Damit das nicht nur auf dem Papier steht, ist es notwendig, dass diese Stimmabgaben frei sind und auf einer unbeeinflussten Willensbildung beruhen. Deshalb gehören Freiheit der Information und der Medien ebenso zu den unverzichtbaren Bestandteilen einer Demokratie wie Transparenz und Dialog oder öffentliche Diskussion. Man muss sich klarmachen, dass eine Wahlentscheidung, die auf bewusst verfälschten Informationen beruht, nicht wirklich frei ist. Stichwort Brexit, dessen politische Wortführer nach der Abstimmung einräumten, dass ihre Zahlen und

Versprechungen falsch gewesen seien, wie etwa die 350 Millionen Pfund, die Großbritannien wöchentlich nach Brüssel überweise und die man stattdessen ins staatliche Gesundheitssystem NHS stecken wolle. Oder dass der Brexit einfach und ohne größere wirtschaftliche Verwerfungen zu bewerkstelligen sei. Weshalb, als die Täuschung bekannt wurde, Rufe nach einer neuerlichen Abstimmung laut wurden.

Bei all dem kommt die Überlegung zum Tragen, dass in jeder Lüge eine Manipulation des Gegenübers liegt. Der Lügner lügt ja gerade, um zu täuschen, um beim Belogenen eine falsche Vorstellung hervorzurufen, sodass der Belogene, wenn er oder sie eine Entscheidung zu treffen hat, sie im Sinne des Lügners trifft. Was bei den allgemeinen Überlegungen zur Lüge fast wie eine Spitzfindigkeit oder theoretische Denkübung zur Würde und Freiheit der Person wirken mag, zeigt hier seine vollen und eben auch praktischen Auswirkungen.

Besondere Bedeutung bekommt diese Frage der Manipulation, wenn nicht mehr nur die Parteien oder Kandidaten die Wähler belügen, sondern wenn es die jeweilige Regierung mit den Mitteln des Staates tut, sei es durch Unterdrückung der freien Presse, sei es durch gezielte Desinformation. Denn dann kehrt sich das Verhältnis um: Es ist nicht mehr das Volk, das herrscht, sondern die Regierung beherrscht das Volk. Die Wahlen sind, selbst wenn sie formal frei ablaufen, nicht mehr frei. Ich habe weiter oben davon gesprochen, dass der Belogene zur Marionette des Lügners wird, deren Denken und Handlungen am Faden der Lüge hängen und von ihr gesteuert werden. Hier wird das Bild erschreckende Realität.

Zugleich wird so der Weg in Richtung autoritäre Strukturen und Totalitarismus geebnet. Was sich heute im Hinblick auf autoritäre Strukturen leider schon bewahrheitet hat, man denke nur an Russland und die Türkei. Bei den USA zögert man, es zu sagen, obwohl es von liberaler Seite dort inzwischen warnende Stimmen gibt.

In dystopischer Form kann man dies alles in George Orwells Roman *1984* nachlesen. Der Roman wird meist als Beispiel für einen Überwachungsstaat genannt und erlebte eine Art Comeback, als Edward Snowden die massenhafte Überwachung durch die NSA aufdeckte. Plötzlich tauchte der Titel wieder in den Bestsellerlisten auf. Neben dem Überwachungsstaat entwirft *1984* aber auch eine erschreckende Vision mit systematischem Lügen auch über die Vergangenheit, der Verzerrung der Realität (Doppeldenk) und dem Missbrauch der Sprache (Neusprech) als Teile der totalitären Herrschaft. Das dürfte der Grund dafür sein, dass der Roman ein zweites, noch größeres Comeback nach der Amtseinführung von Donald Trump erlebte, als dessen Beraterin Kellyanne Conway den Begriff der *alternative facts*, der »alternativen Fakten«, prägte. Ein nachgerade »orwellianischer« Begriff.

***

Allerdings muss man eines zugeben, auch wenn es nach all dem, was ich bisher über Trump geschrieben habe, überraschen mag: Es lässt sich durchaus vertreten zu sagen, dass Donald Trump kein notorischer Lügner ist. Ja, dass er in vielen Fällen streng genommen womöglich gar nicht lügt.

Ein gutes Beispiel für diese gewagt klingende These könnte das Telefonat sein, das Trump mit Bob Woodward führte, kurz bevor dessen Buch *Fear* über Trumps Präsidentschaft im Herbst 2018 erschien. Bob Woodward ist eine Reporterlegende, seit er Anfang der 1970er-Jahre zusammen mit Carl Bernstein die Watergate-Affäre aufdeckte, was schließlich zum Rücktritt des damaligen Präsidenten Richard Nixon führte.

Trump wollte sich bei Woodward beklagen, dass der bei der Recherche für das Buch zwar mit vielen Menschen aus Trumps Umfeld und dem Weißen Haus gesprochen habe, aber nicht mit ihm selbst. Was dabei herauskam, ist gelinde gesagt haarsträubend.

Zunächst beschwert sich Trump leicht larmoyant darüber, dass Woodward ihn nicht kontaktiert habe, obwohl er doch gerne mit ihm gesprochen hätte. Dann will er wissen, wen Woodward denn gefragt habe. Woodward entgegnet sehr sachlich, dass er sechs Personen angesprochen habe, um ein Telefonat mit Trump zu bekommen.

Im Laufe des weiteren Gesprächs führt Trump die unterschiedlichsten, man muss sagen: Ausflüchte dafür an, warum er nichts davon erfahren hat:

»Es ist wirklich ein Jammer, weil mir niemand etwas davon gesagt hat und ich hätte so gerne mit Ihnen gesprochen. Sie wissen, ich bin sehr offen Ihnen gegenüber. Ich glaube, Sie waren immer fair. Wir werden sehen, wie es weitergeht. (…) Nun, viele von ihnen [Trumps Mitarbeiter, RE] haben Angst zu kommen und zu sprechen, oder, Sie wissen, sie sind viel beschäftigt. Ich bin viel beschäftigt. Aber es hätte mir nichts ausgemacht, mit Ihnen zu sprechen. Ich hätte mit Ihnen gesprochen. (…) Und es hätte mir sicher nichts ausgemacht, mit Ihnen zu sprechen, und ich wünschte, ich hätte mit Ihnen sprechen können. Aber niemand hat mein Büro angerufen. Ich vermute, Sie haben es bei verschiedenen Leuten versucht …«

So geht das eine Zeit lang, Trump spricht von diesem und jenem, wie beschäftigt doch alle seien, immer wieder wird alles auf Mitarbeiter abgeschoben. Richtig interessant wird es allerdings, als Woodward sich auf einen Senator bezieht, über den er Trump um das Gespräch gebeten hat, also jemanden, der sich nicht im unmittelbaren Machtbereich Trumps befindet und auf den er keinen Druck ausüben kann:

Trump: Wer waren die Senatoren? Nein, sie haben mich nie deswegen angerufen.

Woodward: Senator [Lindsey] Graham sagte, er hätte mit Ihnen über ein Gespräch mit mir gesprochen. Nun, stimmt das nicht?
Trump: Senator Graham hat es tatsächlich kurz bei einem Treffen erwähnt.
Woodward: Ja. Nun, Sie sehen. Und dann ist nichts passiert.
Trump: Das ist wahr. Das ist wahr. Nun, das – nein, aber das ist wahr. Hat es kurz erwähnt, nicht wie, wissen Sie, und ich hätte sicherlich gedacht, dass Sie vielleicht das Büro angerufen hätten. Aber das ist okay.

Man muss sich das fast zweimal durchlesen. Trump wechselt mitten im Satz den Inhalt dessen, was er sagt, ohne dass es ihn irgendwie auch nur zu stören scheint, dass er gerade einer Lüge überführt worden ist oder das Gegenteil von dem sagt, was er eben gerade gesagt hat. Was er sagt, ist vollkommen losgelöst von der Wahrheit.

Abschließend betont er noch, wie großartig er sei: »Ja, okay. Nun, richtig ist, dass niemand jemals einen besseren Job gemacht hat als ich als Präsident. Das kann ich Ihnen sagen. So, das ist ... Und so empfinden es auch viele Leute, die wissen, was los ist, und Sie werden das im Laufe der Jahre sehen. Aber viele Leute empfinden das so, Bob.«

Man könnte eine schier endlose Reihe von weiteren Beispielen bringen, praktisch aus sämtlichen Reden,

Interviews oder auch nur Tweets von Trump. Exemplarisch dafür soll ein Interview stehen, in dem Trump zu der Untersuchung der Einflussnahme Russlands auf den Präsidentschaftswahlkampf angesprochen wurde. Trump erklärt darin, der Leiter dieser Untersuchungen, der frühere FBI-Chef Robert Mueller, und James Comey, der zwischenzeitliche FBI-Direktor, den Trump entließ – warum genau und ob es im Zusammenhang mit den Ermittlungen gegen das Umfeld des Präsidenten steht, ist umstritten –, seien »best friends«. Was, wenn dem so wäre, vielleicht auf eine Art Verschwörung gegen ihn hinweisen könnte. Die Behauptung der »best friends« untermauerte er bildlich im doppelten Sinne: »Und ich könnte Ihnen hundert Bilder geben, wie er und Comey sich umarmen und küssen.« »Einhundert Fotos«, das sei schon eine Menge, meinte die liberale Nachrichtenseite *Vox* und suchte nach entsprechenden Bildern. Das Ergebnis: Sie fanden kein einziges.

Hier könnte man überlegen, ob Trump vielleicht Zugriff auf FBI-interne Bilder hatte. Ich glaube aber, die Erklärung ist eine andere: Es ist Trump schlichtweg egal, ob und wie viele derartige Fotos existieren. Die Aussage passt zu dem, was er in diesem Augenblick ausdrücken und vermitteln will, und deshalb sagt er es einfach. Es fehlt ihm im Grunde ein Kriterium, das die Lüge und damit den Lügner kennzeichnet: die Absicht, etwas Falsches zu sagen, die unwahre Tatsache, mit der er das Gegenüber täuschen will. Er sagt etwas, ohne zu wissen, ob es stimmt oder nicht. Das einzige Kriterium, nach dem er das auswählt, was er sagt, ist, salopp ausgedrückt, ob es ihm gerade in den Kram passt.

Aufschluss darüber, ob diese Erklärung zutrifft, kann man von jemandem erhalten, der Trump ziemlich gut kennengelernt hat: Tony Schwartz. Er war der Ghostwriter von Donald Trumps Bestseller *The Art of the Deal*, der 1987 den von Trump gepflegten Mythos als Dealmaker schuf. Während des Präsidentschaftswahlkampfs 2016 berichtete Schwartz gegenüber dem Magazin *The New Yorker* über seine Erlebnisse und Eindrücke aus der Zeit, als er Trump für das Buch über eineinhalb Jahre fast ständig begleitete. Schwartz meint, dass Trump strategisch lüge und keinerlei schlechtes Gewissen dabei habe. Weil aber die meisten Menschen sich an die Wahrheit gebunden fühlten, würde ihm seine Indifferenz der Wahrheit gegenüber einen strategischen Vorteil verschaffen. So weit eigentlich noch keine große Überraschung, das hat man sich so oder so ähnlich schon gedacht. Dann aber wird es richtig interessant. »Lügen ist eine zweite Natur für ihn«, resümiert Schwartz. »Mehr als jeder andere, den ich je getroffen habe, hat Trump die Fähigkeit, sich selbst davon zu überzeugen, dass, was auch immer er irgendwann sagt, wahr ist oder eine Art von wahr oder wenigstens wahr sein sollte.« Schon diese Aussage lässt Zweifel aufkommen, ob Trump ein Lügner im herkömmlichen Sinne ist. Nicht nur wegen der Häufigkeit seiner Lügen, sondern weil ihm womöglich ein Charakteristikum des Lügens fehlt: das Bewusstsein, etwas Falsches sagen zu wollen. Wenn man so will, sind bei ihm die Grenzen zwischen wahr und falsch weitgehend verschwunden.

Schwartz führt das noch weiter aus: Als er dann begonnen habe, das Buch zu schreiben, habe er erkannt, dass er Trumps lockeres Verhältnis zur Wahrheit irgendwie akzeptabel darstellen müsse. Deshalb habe er eine kunstvolle Umschreibung erfunden. In dessen eigener Stimme, so Schwartz, ließ er Trump dem Leser erklären: »Ich spiele mit den Phantasien der Menschen. (...) Menschen wollen glauben, dass etwas das Größte, das Großartigste und Spektakulärste ist. Ich nenne es wahrheitsgemäße Überspitzung. Es ist eine unschuldige Form der Übertreibung – und es ist eine sehr effektive Form von Werbeaktion.« Heute distanziert sich Schwartz davon und meint, Täuschung sei nie »unschuldig«. »Wahrheitsgemäße Überspitzung« (*truthful hyperbole*) sei ein Widerspruch in sich, ein Weg zu sagen: »Es ist eine Lüge, aber wen kümmert's?« Trump, so Schwartz, habe diesen Begriff geliebt.

Das, was man bei Trump in dem Telefongespräch mit Bob Woodward und in dem Interview über die FBI-Untersuchungen erleben konnte und was sein Ghostwriter

Schwartz charakteristisch für ihn nennt, lässt sich am besten mit einem Wort beschreiben: Bullshit. Das Wort gibt es in der englischen Sprache schon länger, wirklich bekannt wurde es jedoch durch einen Text des US-amerikanischen Philosophen Harry G. Frankfurt *On Bullshit* aus dem Jahr 1986, der 2005 als kleines Buch erschien und zu einem internationalen Bestseller wurde.

Frankfurt beginnt sein Buch mit den Sätzen: »Zu den auffälligsten Merkmalen unserer Kultur gehört die Tatsache, dass es so viel Bullshit gibt. Jeder kennt Bullshit.« Und damit hat Frankfurt vollkommen recht: Jeder kennt Bullshit, auch wenn man ihn auf Anhieb vielleicht gar nicht definieren könnte. Aber man weiß genau, was gemeint ist. Deshalb hatte das Buch zu Recht so viel Erfolg. Frankfurt hat Bullshit weder erfunden noch entdeckt, aber er hat – mit philosophischem Scharfblick – als Erster erkannt, dass es ein eigenständiges Phänomen ist. Und dieses Phänomen dann untersucht und beschrieben.

Was genau ist nun »Bullshit«? Bullshit liegt vor, wenn jemand etwas behauptet, von dem er oder sie nicht weiß, ob es stimmt oder nicht und ihm oder ihr das auch vollkommen egal ist. Das unterscheidet den Bullshitter vom Lügner und vom ehrlichen Menschen. Frankfurt formuliert es so: »Gerade in dieser fehlenden Verbindung zur Wahrheit – in dieser Gleichgültigkeit gegenüber der Frage, wie die Dinge wirklich sind – liegt meines Erachtens das Wesen des Bullshits.«

An einer anderen Stelle führt er etwas genauer aus:

> Niemand kann lügen, sofern er nicht glaubt, die Wahrheit zu kennen. Zur Produktion von Bullshit ist solch eine Überzeugung nicht erforderlich. Wer lügt, reagiert auf die Wahrheit und zollt ihr zumindest in diesem Umfang Respekt. Ein aufrichtiger Mensch sagt nur, was er für wahr hält, und für den Lügner ist es unabdingbar, daß er seine Aussagen für falsch hält. Der Bullshitter ist außen vor: Er steht weder auf der Seite des Wahren noch auf der des Falschen. Anders als der aufrichtige Mensch und als der Lügner achtet er auf die Tatsachen nur insoweit, als sie für seinen Wunsch, mit seinen Behauptungen durchzukommen, von Belang sein mögen. Es ist ihm gleichgültig, ob seine Behauptungen die Realität korrekt beschreiben. Er wählt sie einfach so aus oder legt sie sich so zurecht, daß sie seiner Zielsetzung entsprechen.

Im Grunde ist Bullshit so etwas wie die trockene, nüchterne Form des Korsakow-Syndroms. Bei diesem Krankheitsbild, das besonders bei Alkoholikern in der Spätphase ihrer Erkrankung auftritt, kommt es zu Ausfällen im Gehirn, die vor allem das Gedächtnis betreffen. Um die Lücken zu überspielen, beginnen die Patienten unter anderem mit sogenannten Konfabulationen. Sie basteln sich etwas zurecht, das ihnen geeignet erscheint, die Lücke zu füllen, teils indem Erinnerungsbruchstücke passend gemacht werden, teils indem Sachen dazuerfunden werden, die passen oder zu passen scheinen. Bei ihnen geht es nicht mehr darum, ob das, was sie erzählen, stimmt – zum Teil sind sie gar nicht mehr in der Lage, das zu beurteilen –, sondern nur noch darum, ob es ihnen in dem Moment in den Sinn kommt oder passend erscheint. Beide, der Korsakow-Patient und der Bullshitter, haben – aus unterschiedlichen Gründen – den Bezug zur Realität, zur Frage, was stimmt und was nicht stimmt, verloren.

Das Interessante ist aber die Frage, wie Bullshit zu bewerten ist – vor allem im Vergleich zur Lüge. Man ist spontan geneigt, das Bullshitten als harmloser anzusehen als die bewusste Lüge, weil die Lüge die direkte Täuschungsabsicht beinhaltet, das volle Wissen, dass es in Wirklichkeit anders ist. Zudem richtet sich die Lüge direkt gegen den Belogenen, der von etwas Falschem überzeugt werden soll. Das, was die Lüge hier verwerflicher erscheinen lässt, ist die Absicht, die bei ihr im Mittelpunkt steht. Etwas »absichtlich« gemacht zu haben, gilt allgemein als die stärkste Variante einer rechtlichen oder moralischen Vorwerfbarkeit.

Der Bullshitter hingegen sagt nicht absichtlich die Unwahrheit. Es ist ihm gleichgültig, ob das, was er sagt, wahr oder falsch ist. Oft weiß er es selbst gar nicht. Er will beim Zuhörer zwar auch etwas bewirken, das Moment der Manipulation bleibt somit bestehen. Die Täuschung betrifft aber nicht direkt die Tatsachen. Der Bullshitter will über sich selbst täuschen, dass er oder sie mehr weiß, als es der Fall ist. Oder er will Zustimmung bekommen, zu seiner Person und zu dem, was er oder sie tun will. Weil das unspezifischer und weniger klar überprüfbar ist, empfindet man den Bullshit als weniger verwerflich als die Lüge, die konkrete, absichtliche punktuelle Täuschung über eine Tatsache. Frankfurt schreibt dazu: »Tatsächlich neigen die Menschen gegenüber dem Bullshit zu größerer Toleranz als gegenüber der Lüge, vielleicht weil wir Bullshit nicht so stark als persönlichen Affront erleben. Wir mögen uns vom Bullshit distanzieren, aber wir wenden uns eher mit einem ungeduldigen oder irritierten Schulterzucken davon ab als mit jenem Gefühl der Verletzung und Empörung, die Lügen in uns auslösen.«

Bei genauerer Betrachtung, besonders wenn man die Folgen mit einbezieht, kehrt es sich jedoch um. Man erkennt, dass Bullshit keineswegs harmloser ist als die Lüge, sondern im Gegenteil destruktiver und deshalb auch verwerflicher. Hauptgrund dafür ist, dass der Lügner, wenn er versucht, über eine Tatsache zu täuschen, weiß, dass es eigentlich anders ist, und damit anerkennt, dass es einen Unterschied zwischen der Realität und der Lüge, zwischen wahr und nicht wahr gibt. Er erkennt an, dass Tatsachen Bedeutung haben, und damit erkennt er auch die Wahrheit als solche an. Der Bullshitter hingegen stellt das gesamte Konzept von wahr und nicht wahr, den Unterschied zwischen Tatsachen und Erfundenem infrage.

Er leugnet die Bedeutung von Fakten, ja sogar ihre Existenz insgesamt. Deshalb kann man ihn auch nicht durch die Widerlegung seiner Behauptungen erschüttern.

Was das für das Konzept Fakten und Wahrheit bedeutet, lässt sich an einem anderen Bereich sehen, dem Spiel. In seinem grundlegenden Buch über das Spiel, *Homo ludens* aus dem Jahr 1938, befasste sich der niederländische Kulturhistoriker Johan Huizinga unter anderem mit dem Unterschied zwischen dem Falschspieler und dem Spielverderber. Der Falschspieler, so Huizinga, verstößt bewusst gegen Spielregeln, meist in der Absicht, das Spiel zu gewinnen. Deshalb muss sein Bruch der Spielregeln auch heimlich geschehen. Er täuscht die Mitspieler, die davon ausgehen, dass er sich an die Regeln hält. Nur so funktioniert sein Falschspiel. In dem Moment, in dem entdeckt wird, dass er die Spielregeln bricht, ist das Spiel zu Ende. Indem er die Spielregeln bricht, erkennt der Falschspieler sie aber grundsätzlich an. Der Falschspieler, der ein Ass im Ärmel hat und es heimlich herauszieht, um es ins Spiel zu schummeln, erkennt damit an, dass die Karte Ass mehr Bedeutung hat als andere Karten und dass es verboten ist, andere Karten ins Spiel zu schummeln. Würde er sich hingegen einfach offen passende Karten aus dem Stapel heraussuchen oder behaupten, das Ass sei nichts wert, wäre das Spiel sofort zu Ende. Dann wäre er ein Spielverderber. Der Spielverderber negiert das Grundprinzip des Spiels, dass es bestimmte Regeln gibt.

Man kann nicht Karten spielen, ohne anzuerkennen, dass die Karten jeweils unterschiedliche Bedeutung und Wert haben und dass man Karten auf bestimmte Weise zugeteilt bekommt.

Der Lügner ist Falschspieler auf dem Gebiet der Wahrheit und der Kommunikation. Trotz seiner Lüge bleibt der Unterschied zwischen wahr und nicht wahr, zwischen Fakten und Fiktion als Grundregel bestehen. Er hält sich zwar nicht an die Spielregeln, aber was er macht, funktioniert nur, weil es die Spielregeln gibt. Insofern erkennt er sie letztlich an, nimmt sich nur für sich das Recht heraus, sie zu brechen. Der Bullshitter hingegen leugnet die Spielregel als solche: dass man überhaupt zwischen wahr und falsch unterscheiden muss. Damit zerstört er das Spiel des Informationsaustauschs, der Kommunikation und, wie man gesehen hat, der darauf aufbauenden Demokratie. Nur dass es sich in diesem Fall nicht um ein Spiel handelt, sondern um die gesellschaftliche und politische Realität. Eine Lüge lässt sich mit Faktenbeweisen widerlegen, und man kann dann auf der Grundlage der Korrektur weiter diskutieren. Mit dem Bullshitter oder auf der Grundlage des Bullshits kann man gar nicht mehr diskutieren. Die »Spielregeln« der Kommunikation und hier, in der Politik, die der politischen Auseinandersetzung und Willensbildung werden ausgehebelt – und damit die Demokratie insgesamt.

Allerdings ist Trump zwar einerseits fast so etwas wie der König des Bullshits – ein Artikel in den USA schrieb in Anlehnung an die Stellung des Präsidenten als Oberbefehlshaber der Streitkräfte, »Commander in Chief«, vom »Bullshitter in Chief« –, andererseits ist er aber auch nicht der typische Bullshitter oder allenfalls der Vertreter einer bestimmten Form von Bullshit. Der Form nämlich, bei der jemand einfach sagt, was ihm für seine Ziele in den Kram passt, ohne sich darum zu kümmern, ob es stimmt. Es gibt daneben nämlich noch eine andere Form von Bullshit, die vermutlich sogar häufiger ist.

Wie oben zitiert, beginnt Frankfurt seinen Text über Bullshit mit der Feststellung, dass es zu den auffälligsten Merkmalen unserer Kultur gehört, dass es so viel Bullshit gibt. Und weiter: »Jeder kennt Bullshit. Jeder trägt sein Scherflein dazu bei.« Jeder trägt sein Scherflein dazu bei? Diese Aussage lässt Frankfurt ohne weitere Erläuterung stehen, bis kurz vor Schluss des Buches. Dann greift er den Gedanken wieder auf: »Warum gibt es so viel Bullshit?« Als ordentlicher Wissenschaftler gibt er zu, dass er nicht weiß und nicht wissen kann, ob es heute wirklich mehr davon gibt als früher, ob nur einfach mehr kommuniziert wird und deshalb die Menge des Bullshits steigt oder ob der Anteil des Bullshits zugenommen hat. Das vorausgesetzt, präsentiert er eine interessante Beobachtung und Überlegung:

> Bullshit ist immer dann unvermeidbar, wenn die Umstände Menschen dazu zwingen, über Dinge zu reden, von denen sie nichts verstehen. Die Produktion von Bullshit wird also dann angeregt, wenn ein Mensch verpflichtet ist, über ein Thema zu sprechen, das seinen Wissensstand hinsichtlich der für das Thema relevanten Tatsachen übersteigt. Diese Diskrepanz findet sich häufig im öffentlichen Leben, in dem Menschen sich – aus eigenem Antrieb oder auf Aufforderung anderer – oft gedrängt sehen, sich eingehend über Gegenstände auszulassen, von denen sie wenig Ahnung haben.

Das scheint mir tatsächlich eine andere Art von Bullshit zu sein als die von Donald Trump. Trump verwendet den Bullshit sozusagen aktiv, absichtlich als Mittel für seine Zwecke. Diese zweite Art dagegen ist mehr unbeabsichtigt, zumindest ohne konkreten Plan. Jemand meint, etwas sagen zu müssen, und deshalb sagt er oder sie lieber irgendetwas, als einzugestehen, dass man dazu eigentlich nichts zu sagen hat, weil man nicht so genau Bescheid weiß.

Frankfurts Text über den Bullshit erschien zum ersten Mal 1986, als es noch kein Internet gab und lange vor dem Auftauchen der sozialen Medien. Er kann diese Entwicklung deshalb nicht einmal geahnt haben, aber seine These, warum es so viel Bullshit gibt, ist im Zeitalter der sozialen Medien aktueller denn je. Man muss sich nur einmal die Kommentare unter Beiträgen im Internet ansehen und mehr noch in den sozialen Netzwerken. Abgesehen vom Umgangston, über den viel zu schreiben wäre und schon viel geschrieben wurde, fällt eines auf: Zahllose Kommentatoren haben offenbar das Bedürfnis, sich zu äußern. Häufig erkennbar ohne den Beitrag, um den es geht, gelesen zu haben, aber häufig auch erkennbar ohne sich länger als ein paar Sekunden mit dem Thema befasst zu haben. Manche geben das sogar mehr oder weniger offen zu. »Ich sag das jetzt mal so« ist eine Phrase, die man oft liest. Dennoch haben sie das Bedürfnis, sich zu äußern, oder fühlen sich, umgekehrt betrachtet, wie Frankfurt meint, gedrängt, sich dazu zu äußern.

***

Was geht mich das an?, werden sich nun manche Leser fragen. Außer dass es sie in der Meinung bestärkt, dass alle Politiker lügen, was sie ohnehin immer schon gewusst haben. Das aber greift zu kurz, denn es geht sehr wohl jeden an. Zum einen ist jede und jeder zugleich auch politischer Akteur, sei es als Wähler, sei es als Bürger, der sich mit anderen austauscht. Zum anderen aber gehören zum Lügen immer zwei: Lügner und Belogener. Und wer meint, genau das kann ihm oder ihr in diesem Fall eben nicht passieren, weil er oder sie ja immer schon gewusst habe, dass alle Politiker lügen, übersieht etwas Wichtiges: die Gefahr jenes »Das habe ich doch immer schon gewusst«. Nichts macht einen Menschen empfänglicher für die Lüge – und folglich zum einfachen und willkommenen Opfer derjenigen, die ihn belügen und damit manipulieren wollen – als die Bestätigung seiner Ängste oder seiner schon bestehenden Meinung, Vorlieben und Überzeugungen.

Manchmal muss man sich fragen, ob das Hauptproblem beim Umgang unserer Gesellschaft mit Lüge und Wahrheit gar nicht so sehr darin besteht, dass so viel gelogen wird, sondern vielmehr darin, dass sich die Menschen so bereitwillig belügen lassen. Zeitweise kommt man sich vor wie in »Des Kaisers neue Kleider«. In diesem bekannten Märchen von Hans Christian Andersen fällt ein Kaiser auf zwei Betrüger herein, die versprechen, ihm für Unsummen ganz besondere Kleider zu weben. Diese Kleider seien so besonders, dass sie »für jeden Menschen unsichtbar wären, der nicht für sein Amt tauge oder der unverzeihlich dumm sei«. Die beiden Betrüger stecken das Geld ein, erheben hohe Nachforderungen und weben: nichts. Nur wagt niemand, weder der Kaiser noch der vertraute alte Minister, der ganze Hofstaat oder irgendein Bürger, zuzugeben, dass sie nichts sehen. Deshalb läuft der Kaiser am Ende nackt durch die Stadt, bis ein Kind sagt: »Aber er hat ja nichts an!« Das macht die Runde, und irgendwann ruft das ganze Volk: »Aber er hat ja nichts an!« Nur der Kaiser und sein Hofstaat tun trotz geweckter Zweifel weiterhin so, als gäbe es die Kleider.

Die moderne und reale Version dieses Märchens heißt *confirmation bias*. Damit bezeichnet man in der Psychologie die Tendenz oder Neigung, Informationen danach auszuwählen oder so zu interpretieren, dass sie die eigenen Überzeugungen oder Erwartungen bestätigen. Wobei »Tendenz« oder »Neigung« fast zu schwach oder verharmlosend klingt für die Macht und Bedeutung, die dieser Mechanismus hat, den man, wenn man ehrlich zu sich ist, auch bei sich selbst gut beobachten kann.

Und noch dazu fast ständig im täglichen Leben. Jeder Raucher kann sofort Beispiele von Rauchern aus seiner Familie benennen, die sehr alt geworden sind. Die Verwandten, die leider früh an Lungenkrebs gestorben sind, blendet er aus. Ebenso wie die Statistik, dass Lungenkrebs bei Männern die häufigste Krebstodesursache ist und vier von fünf dieser Fälle auf Rauchen zurückzuführen sind. Und dass es unter den über 70-Jährigen nur mehr wenige Raucher gibt, weil die meisten Starkraucher dieses Alter gar nicht erst erreichen. Rauchern fällt dazu eher Helmut Schmidt ein, den man bis zu seinem Tod mit 97 Jahren kaum ohne seine Mentholzigaretten sah.

Doch der *confirmation bias* geht weit über das Anekdotische und die Verklärung von Helmut Schmidt hinaus. Er wurde in vielen Studien belegt. Interessant sind hier die aus dem politischen Bereich, von denen es etliche gibt. Eine aktuelle Untersuchung benutzte den bekannten und schon mehrmals erwähnten Streit um die Teilnehmerzahlen bei der Vereidigung von Donald Trump als Präsident, jenen Ur-Fall der *alternative facts*. Trump hatte in der ihm eigenen Art von Anfang an behauptet und behaupten lassen, dass seine Amtseinführung die mit den meisten Menschen in der Geschichte der USA gewesen sei. Allerdings belegte nicht nur die Zählung der Fahrgäste der Washingtoner Verkehrsbetriebe, dass bei Obamas Vereidung wesentlich mehr Menschen gewesen waren, auch Bilder zeigten das Gegenteil: Auf Fotos von der Inauguration von Obama ist der Platz vor dem Kapitol vollständig von Menschen gefüllt, das entsprechende Bild von der Inauguration von Trump zeigt große leere Areale.

Diese aus den Nachrichten weithin bekannten Fotos der Inaugurationsfeiern von Trump und Obama verwendete man nun für eine Studie. In einem Teil der Studie wurden Versuchspersonen gefragt, welches Foto zu welcher Inauguration gehört. Dabei ordneten Trump-Wähler das Foto mit den deutlich mehr Menschen – das von Obamas Inauguration – zu 41 Prozent fälschlicherweise Trump zu, während das nur 8 Prozent der Clinton-Wähler und 21 Prozent der Nichtwähler taten. Das überrascht angesichts der Bekanntheit der Bilder, zeigt aber, wie Menschen offenbar dazu neigen, Informationen selektiv und passend auszuwählen. Viel erschreckender aber war der andere Teil der Studie. Darin wurden die Teilnehmer einfach gefragt, auf welchem Foto man mehr Menschen sieht.

Die Bilder waren ja wegen des Streits darüber und der Diskussion um den Begriff *alternative facts* in den Nachrichten rauf und runter diskutiert worden und vielen, gerade politisch klar positionierten Menschen, deutlich bekannt. Das heißt, sie wussten, welches Bild von welcher Inauguration stammte. In diesem Fall aber erklärten 15 Prozent der Trump-Wähler trotz des mehr als deutlichen Unterschieds auf den Bildern, auf dem Foto mit den klar erkennbar leeren Arealen seien mehr Menschen zu sehen als auf dem Foto, auf dem alle Flächen voller Menschen waren. Von den Clinton-Wählern taten das nur 2 Prozent und 3 Prozent der Nichtwähler. Mehr als jeder siebte Trump-Wähler war somit bereit, etwas eindeutig seinen Sinnen und seinem Intellekt Widersprechendes zu sehen oder zu behaupten, weil es seinen politischen Überzeugungen entspricht.

In einer anderen Studie wurden knapp 1000 dänischen Lokalpolitikern Daten vorgelegt, die eine politisch umstrittene Frage betrafen: Ob bestimmte Leistungen besser vom Staat oder privat erbracht werden. Es ging um Daten aus den Bereichen Schulen, Straßenunterhalt und Gesundheitsversorgung. Bei der Auswertung zeigte sich, dass die Politiker, die Daten vorgelegt bekamen, die ihre eigene Meinung unterstützten, diese Daten zwischen 84 und 98 Prozent richtig interpretierten. So weit, so gut. Widerlegten die Daten jedoch die eigene Überzeugung, interpretierten die Politiker nur zwischen 38 und

61 Prozent davon korrekt. Also deutlich weniger. Um dem Klischee vorzubeugen: Das Phänomen war nicht auf Politiker beschränkt oder bei ihnen besonders ausgeprägt. Die Wissenschaftler führten das Experiment auch mit Personen durch, die nicht in der Politik tätig sind, mit ganz ähnlichen Ergebnissen.

Offenbar wurzelt das Phänomen tief. Es lässt sich sogar funktionell im Gehirn nachweisen. An der Universität von Southern California in Los Angeles wurden Probanden, während sie im Kernspintomografen lagen, der ihre Hirnaktivitäten untersuchte (fMRI), mit Argumenten konfrontiert, die ihren Ansichten widersprachen. Die Bilder zeigten, dass dann, wenn die Argumente politischen Einstellungen widersprachen, besonders eine Hirnstruktur aktiviert wurde, das sogenannte Default Mode Network, eine Gruppe von Hirnregionen, die mit dem Selbst und der Abgrenzung von anderen zu tun hat. Ebenfalls aktiviert wurde die Amygdala (Mandelkern), die für Angst, Gefahrenabwehr und Aggression zuständig ist. Ein weiterer Befund war besonders interessant: Die Versuchspersonen waren umso weniger bereit, ihre Meinung zu ändern – also sich von den Argumenten überzeugen zu lassen –, je stärker ihre Amygdala bei der Konfrontation mit den Gegenargumenten aktiviert wurde.

Die neurowissenschaftlichen Befunde belegen etwas, was auch Psychologie und Erfahrung – bei sich und bei anderen – zeigen: Informationen, die den eigenen Überzeugungen und Einstellungen zuwiderlaufen, erschüttern mit den Überzeugungen zugleich das eigene Selbst, was Angst und Aggression auslöst und dadurch auch eine Abwehr gegen diese Informationen und Argumente hervorruft.

Dies alles lässt sich zusammenfassen mit dem bekannten Satz: Man hört nur, was man hören will – und glaubt deshalb bereitwillig alles, was die eigene Meinung unterstützt und die eigenen Überzeugungen nicht gefährdet. Auch dann, wenn es, wie etwa bei den Fotos von der Amtseinführung, offensichtlich falsch ist. Die Abweichung von der Realität wird als weniger bedrohlich empfunden als die Abweichung von der eigenen Überzeugung, denn die ist mit Erschütterung und Gefährdung des Selbstverständnisses verbunden.

Friedrich Nietzsche hat die Bereitschaft, die Realität zugunsten des Selbst und der eigenen Überzeugungen zu opfern, in Bezug auf den Stolz in einem bekannten Bonmot sehr treffend formuliert: »›Das habe ich getan‹, sagt mein Gedächtnis. ›Das kann ich nicht getan haben‹ – sagt mein Stolz und bleibt unerbittlich. Endlich – gibt das Gedächtnis nach.« Was Nietzsche hier anspricht, das selektive Gedächtnis, das nur die Erinnerung an die Dinge zulässt, die in Übereinstimmung mit den eigenen Überzeugungen und dem Selbstbild stehen, ist eine Variante des *confirmation bias*, die man *confirmation memory* oder *selective recall*, selektives Erinnern, nennt.

Alle diese Effekte lassen sich übrigens auf beiden Seiten des politischen Spektrums nachweisen, wie schon die dänische Studie mit den Lokalpolitikern gezeigt hat. Bestätigt wurde das noch einmal von einer großen Metaanalyse, die 51 Studien untersuchte, deren Ergebnisse zusammenfasste und unter dem wunderbaren Titel erschien: »At Least Bias is Bipartisan« – Wenigstens die systematische Verzerrung ist überparteilich.

Allerdings gibt es Untersuchungen in den USA, die darauf hinweisen, dass konservativ eingestellte Menschen empfänglicher für Fake News sind als progressive. Zurückgeführt wird das unter anderem darauf, dass Konservative Gefahren und negativen Informationen gegenüber empfindlicher reagieren und Fake News überwiegend negativen Inhalt haben.

***

Man neigt dazu, die Frage, ob jemand lügt oder die Wahrheit sagt oder, auf der anderen Seite, belogen wird oder die Wahrheit erfährt, als etwas anzusehen, das vornehmlich zwischen diesen beiden Menschen abläuft. Der Lügner oder die Lügnerin lügt, der oder die Belogene wird belogen, dadurch manipuliert und verliert vielleicht das Vertrauen, die Kommunikation zwischen den beiden wird beschädigt. Selbst bei der Lüge in der Politik sieht man zwar hier eine Mehrzahl von Politikern und dort eine Vielzahl von Bürgern, aber dennoch stellt man dabei auf die direkte Beziehung zwischen diesen Personen oder Personengruppen ab. Vereinfacht lautet die Beschreibung dafür: Politiker lügen, oder die Bürger glauben auch nur, dass sie lügen, die Bürger verlieren das Vertrauen in die Politiker – siehe schlechte Umfragewerte – und damit letztlich in die Politik.

Diese Betrachtungsweise übersieht jedoch einen wichtigen Aspekt. Eine Gesellschaft ist mehr als eine Ansammlung von Individuen. Sie umfasst zugleich das Geflecht der Beziehungen zwischen diesen Individuen. Und dieses Geflecht basiert unter anderem auf dem Vertrauen und der Kommunikation zwischen diesen Individuen, ja, es besteht sogar wesentlich daraus. Rudolf von Jhering, der schon zur grundsätzlichen Bedeutung der Wahrhaftigkeit zu Wort kam, drückte das so aus:

> Wahrhaftigkeit bildet also die Grundbedingung unseres ganzen menschlichen Getriebes. An Stelle der Wahrhaftigkeit die Unzuverlässigkeit gesetzt, und die ganze Sicherheit des Lebens wird bedroht, der Bestand der gesellschaftlichen Ordnung gefährdet. Darum ist der Lügner einer der gefährlichsten Feinde der Gesellschaft, viel gefährlicher als der Dieb, gegen den man sich bis zu einem gewissen Grade vorsehen kann.

Wenn das Vertrauen und die Kommunikation durch Lügen gestört werden, wird gewissermaßen das Gewebe der Gesellschaft angegriffen und gelockert. Die Menschen reagieren darauf, die Gesellschaft verändert sich, es wird vielleicht manches schwieriger, umständlicher und der Umgang rauer, aber irgendwie wird die Gesellschaft weiter funktionieren. Was jedoch dabei in Mitleidenschaft gerät, ist die Idee des Miteinanders und damit eine Grundlage der Gesellschaft und des Staates.

Vielleicht sind die schlechten Umfragewerte für das Vertrauen in Politiker dann gar nicht in erster Linie auf die Erfahrung mit lügenden Politikern zurückzuführen, sondern auf einen allgemeinen Vertrauensverlust in der Gesellschaft und damit in die Gesellschaft. Weil die klassischen Politiker, die sich zum Staat und zur Gesellschaft bekennen, stellvertretend für diese beiden stehen, spiegelt oder bündelt sich möglicherweise in der Einstellung zu ihnen nur der Vertrauensverlust in die Gesellschaft insgesamt. Wie sonst ließe sich erklären, dass manche Politiker, die unverfroren lügen – siehe Trump –, dennoch großes Vertrauen ihrer Anhänger genießen, solange sie sich lautstark »gegen das Establishment« und gegen den Staat und die Gesellschaft in ihrer derzeitigen Form positionieren.

Hannah Arendt hat zu Recht auf die Gefahr hingewiesen, zu viele Lügen, widerstreitende Behauptungen und Informationen könnten am Ende dazu führen, dass man gar nichts mehr glaubt oder sich die Unterscheidung zwischen wahr und falsch nehmen lässt. Sie warnte vor dem Zynismus, »der sich weigert, irgend etwas als wahr anzuerkennen«:

> Wo Tatsachen konsequent durch Lügen und Totalfiktion ersetzt werden, stellt sich heraus, daß es einen Ersatz für die Wahrheit nicht gibt. Denn das Resultat ist keineswegs, daß die Lüge nun als wahr akzeptiert und die Wahrheit als Lüge diffamiert wird, sondern daß der menschliche Orientierungssinn im Bereich des Wirklichen, der ohne die Unterscheidung von Wahrheit und Unwahrheit nicht funktionieren kann, vernichtet wird.

Diesen Zynismus trifft man heute überall, wenn auch den meisten nicht klar ist, dass es sich dabei um Zynismus handelt. Man erblickt darin eher eine Art Schutzmechanismus gegen die Überforderung durch zu viele und einander widersprechende Informationen. Er ist einer der Effekte der Fake News – damit meine ich die echten Fake News, also bewusst in Umlauf gesetzte falsche Nachrichten. Typisch für diesen Zynismus ist der häufig zu hörende Satz, den ich früher auch schon zitiert habe: »Man kann doch gar nichts mehr glauben.«

Das aber kann fatale Folgen für den Einzelnen und die Gesellschaft haben, wie Arendt an anderer Stelle feststellt:

> Der ideale Untertan totalitärer Herrschaft ist nicht der überzeugte Nazi oder der überzeugte Kommunist, sondern Menschen, für die der Unterschied zwischen Fakten und Fiktion (das ist die Realität der Erfahrung) und der Unterschied zwischen wahr und falsch (das sind die Denkgesetze) nicht länger existieren.

Arendt schrieb das in ihrem Buch über die *Elemente und Ursprünge totaler Herrschaft*, also aus dem Blickwinkel, wie diese Herrschaftsform entstand und entstehen kann. Deshalb erscheint es vielleicht aus der Sicht unserer heutigen freien Gesellschaft als etwas weit hergeholt und dystopisch. Wenn man das Buch liest, ist man jedoch beeindruckt von Arendts analytischer Klarheit. Mehr aber noch erschrickt man darüber, wie viele der von Arendt Ende der 1940er-Jahre beschriebenen Mechanismen auch heute wieder zumindest in Ansätzen bei populistischen Strömungen und Politikern zu finden sind.

Im ersten Film der *Indiana Jones*-Reihe von George Lucas und Steven Spielberg, *Jäger des verlorenen Schatzes* (im Original *Raiders of the Lost Ark*, was besser mit »Räuber der verlorenen Bundeslade« übersetzt wäre), sucht Harrison Ford als Indiana Jones die Bundeslade aus dem Alten Testament. Zugleich versucht er zu verhindern, dass sie den Nazis in die Hände fällt, die mithilfe der Macht der Bundeslade – der Überlieferung zufolge soll eine Armee mit ihr an der Spitze unbesiegbar sein – die Weltherrschaft erringen wollen. Um alle Wendungen zu erzählen, die der Film nimmt, bräuchte man vermutlich so lange, wie der Film dauert. Am Ende sterben die Nazis, und die amerikanische Regierung bekommt die Bundeslade. Ganz zum Schluss aber, nachdem alle Abenteuer gemeistert sind, sieht man Indiana Jones, ungewohnt im Anzug, mit mehreren anderen Anzugträgern in einer Besprechung sitzen. Als er dort fragt, wo sich die Lade nun befinde, erklärt ihm der nicht sehr sympathisch dargestellte Vertreter der amerikanischen Regierung: »Die Lade ist an einem sehr sicheren Ort.«

Nachdem Jones die Besprechung verlassen hat, blendet der Film um, und man sieht, wie die Lade in einer simplen Holzkiste verstaut wird, auf die jemand »Top Secret« malt und ein einfaches Vorhängeschloss davorhängt. Also fast das Gegenteil von »sehr sicher«. Nach der Erklärung des Regierungsvertreters hätte man eher einen eigens gebauten Tresor mit schwerbewaffneten Wachen und Technologie erwartet. Dann aber sieht man, wie ein Lagerarbeiter die Kiste auf eine Karre lädt und in eine Lagerhalle schiebt, vorbei an vielen ähnlichen Kisten mit ähnlichen Aufschriften. Am Ende zieht die Kamera das Zoom auf, und man sieht ein riesiges Lager mit unendlich vielen derartigen Kisten, zwischen denen der Lagerarbeiter mit der Kiste, in der sich die Bundeslade befindet, in einen Gang einbiegt und beide zusammen in der Masse verschwinden.

Die Szene wird von vielen Fans der *Indiana Jones*-Reihe so interpretiert, dass die US-Regierung noch viele weitere derartige Gegenstände besitzt, ohne sie weiter zu erforschen, also als Hinweis auf viele mysteriöse Geheimnisse. Ich würde sie jedoch anders interpretieren: Man kann etwas am besten verstecken, indem man es zwischen so viele ähnliche oder ähnlich aussehende Dinge steckt, dass es niemand mehr finden kann, weil es sich nur mehr mit großem Aufwand oder Hilfsmitteln unter all den anderen Dingen identifizieren lässt. Es ist das Prinzip des in einem falschen Ordner abgelegten Schriftstücks, das, wenn nicht jemand zufällig darauf stößt, fast so verschwunden ist, als hätte man es in den Schredder gesteckt. Wenn man ein Sandkorn verstecken will und ganz sicher sein will, dass es niemand findet, wirft man es am besten offen in die Wüste. Einfach so. Jeder Versuch, es irgendwie wegzusperren oder zu bewachen, würde es leichter auffindbar machen. Man braucht nur ausreichend viele andere Sandkörner – oder Kisten wie bei *Indiana Jones*.

Dasselbe funktioniert auch mit Informationen und der Wahrheit. Man muss die Wahrheit heute gar nicht mehr aktiv unterdrücken, wie es über lange Zeit durch Zensur oder Gewalt geschah. Es reicht, so viele andere Kisten zu produzieren, dass man kaum mehr eine Chance hat, die eine Kiste, in der sich die Wahrheit befindet, zu finden oder, wenn man sie gefunden hat, sicher zu identifizieren. Die Wahrheit ist nur eine Information unter vielen, die sich von den anderen lediglich dadurch unterscheidet, dass sie der Realität entspricht. Das lässt sich aber der Kiste von außen nicht unbedingt ansehen.

Im Grunde ist das auch Teil des Effekts, den viele Fake News verfolgen. Abgesehen davon, dass sie das Meinungsbild in eine bestimmte Richtung lenken wollen, desavouieren sie zugleich alle anderen Medien, die nicht über diesen oder jenen Vorfall berichten, den es ja nie oder zumindest nicht in der behaupteten Form gegeben hat. Sie hinterlassen das Gefühl, als würde etwas vertuscht, als würde die Wahrheit in eine Kiste mit »Top Secret« verpackt. Und falls sich herausstellt, dass die Fake News Fake waren, bleibt eben diese Erkenntnis haften: News, Nachrichten, können auch falsch sein. Man braucht bloß zusätzliche, falsche Nachrichten zu produzieren, und schon vermindert man die Glaubwürdigkeit der seriösen Nachrichten, die der Wirklichkeit entsprechen. Auch Donald Trump produziert ganz absichtlich laufend solche Kisten. Oft indem er irgendetwas behauptet und mit »people say« – »manche sagen« – einleitet. Das muss also nicht wahr sein, aber es ist in der Welt und konkurriert mit der Wahrheit. Oder sein berühmtes »Who knows?«, das nichts anderes ist als ein ganzer Schwung von in die Welt gesetzten Kisten, auf die er deutet, so dass man dabei die Originalkiste aus den Augen verliert.

Die mit Abstand produktivste Maschine aber, die ununterbrochen riesige Mengen solcher Kisten ausspuckt, ist das Internet. Über lange Zeit und auch heute noch galt und gilt es als Garant der Wahrheit. Das ist es auch tatsächlich, weil sich Informationen dank des Internets wesentlich schwerer unterdrücken lassen. Ob aber diese Unterdrückung nicht vielleicht doch gelingen kann, wird sich zeigen – einige Länder wie etwa China unternehmen große und anscheinend immer erfolgreichere Anstrengungen in diese Richtung. Dennoch bleibt das Internet für die Wahrheit wertvoll. Bei der Recherche ist es ein ungemein effizientes und auch machtvolles Werkzeug. Auch dafür, Informationen auf ihren Wahrheitsgehalt zu überprüfen. Nur geht es dabei interessanterweise meist irgendwann wieder ins Analoge, in die reale Welt, weil man dort einen Anker benötigt. Wenn man etwa überprüfen will, was über ein Gerichtsurteil geschrieben wird, muss man das Urteil im Original suchen und das in einer Quelle, die sich bis zum Gericht zurückverfolgen lässt, im Idealfall zur offiziellen Urteilsdatenbank des Gerichts. Im Grunde ist es dann fast so, als ginge man dazu ins Gerichtsgebäude ins dortige Archiv.

Gerade weil das Internet aber von seinem Wesen her nicht unbedingt über einen solchen Anker in der Realität verfügt, stellt es auch eine sehr große Gefahr für die Wahrheit dar. Alles, was sich dort, im Internet, findet, ist nur ein Abbild der Realität in der digitalen Welt. Dieses Bild kann man realitätsnah oder realitätsfern zeichnen, das Internet als Medium ist diesbezüglich weitgehend neutral. Deshalb lassen sich für fast jede noch so abwegige Idee oder Behauptung Belege oder vermeintliche Belege finden. Oder zumindest jemand, der oder die der gleichen Meinung ist. In irgendeiner der unzähligen Kisten findet sich, was man gerne hätte. Notfalls zimmert man selbst eine solche Kiste und stellt sie in die Lagerhalle des Netzes. Platz ist dort genug.

Das Bild der einen Kiste mit der Wahrheit unter den vielen anderen Kisten geht aber über das Internet hinaus.

Es kann für unsere heutige Zeit insgesamt stehen. Die Wahrheit läuft Gefahr, im unablässigen Strom der Informationen unterzugehen.

***

Ich möchte ans Ende dieser Überlegungen eine Reihe von Zitaten stellen.

Das erste stammt aus dem bereits mehrfach zitierten Buch *Wahrheit und Wahrhaftigkeit* von Bernard Williams. Es soll, auch weil ich es angesichts des gerade beschriebenen Stroms an Informationen für ganz zentral halte, hier noch einmal an die beiden Grundtugenden der Wahrheit erinnern, die Williams formuliert hat: Genauigkeit und Ehrlichkeit. Und daran, dass beide notwendig sind, wenn man die Wahrheit sagen oder sich um die Wahrheit bemühen will.

> Das Thema dieses Buchs ist die Wahrhaftigkeit. Es geht also um Tugenden und Praktiken – und die mit diesen einhergehenden Ideen –, von denen das Anliegen, die Wahrheit zu sagen, zum Ausdruck gebracht wird. Dabei beinhaltet »die Wahrheit sagen« zweierlei: den Wunsch, anderen Personen die Wahrheit mitzuteilen, und in erster Linie das Interesse, das Wahre vom Falschen zu unterscheiden.

Man kann herzlich wenig erfahren über die Wahrheit von jemandem, der zwar ehrlich ist, sich aber selbst nicht darum kümmert, ob das stimmt, was er denkt und sagt. Deshalb ist die Genauigkeit, das Interesse, das Wahre vom Falschen zu unterscheiden, mindestens genauso wichtig wie die Ehrlichkeit. Vielleicht sogar wichtiger, weil man sie nicht nur braucht, um die Wahrheit zu sagen, sondern auch, um die Wahrheit zu erfahren. Um sich dagegen zu schützen, falschen Informationen aufzusitzen.

Das leitet über zum zweiten Zitat. Es stammt von Immanuel Kant aus seiner berühmten Schrift *Beantwortung der Frage: Was ist Aufklärung*. Nach dem bekannten Aufruf »Sapere aude! Habe Mut, dich deines eigenen Verstandes zu bedienen!« als Wahlspruch der Aufklärung erklärt Kant, warum es die Aufklärung so schwer hat, und wird dabei sehr deutlich. Er beschreibt darin die Gründe dafür, nicht denken zu wollen. Man kann sie ebenso gut dafür anführen, warum das von Williams geforderte »Interesse, das Wahre vom Falschen zu unterscheiden«, oft zu gering ist:

> Faulheit und Feigheit sind die Ursachen, warum ein so großer Teil der Menschen, nachdem sie die Natur längst von fremder Leitung frei gesprochen (…), dennoch gerne Zeitlebens unmündig bleiben; und warum es Anderen so leicht wird, sich zu deren Vormündern aufzuwerfen. Es ist so bequem, unmündig zu sein. Habe ich ein Buch,

> das für mich Verstand hat, einen Seelsorger, der für mich Gewissen hat, einen Arzt der für mich die Diät beurtheilt, u.s.w. so brauche ich mich ja nicht selbst zu bemühen.

Die zwei folgenden und letzten Zitate stammen beide von Hannah Arendt, die schon mehrfach zu Wort gekommen ist. Im ersten beschäftigt auch sie sich damit, warum Menschen sich offenbar so bereitwillig belügen lassen. Allerdings aus einem etwas anderen Blickwinkel als Kant. In einem Fernsehinterview bestand sie einmal darauf, keine Philosophin zu sein, vielmehr sei ihr Beruf die politische Theorie, und der Text, aus dem das Zitat stammt, ist *Die Lüge in der Politik* überschrieben. Dementsprechend stellt sie mehr auf die äußeren Umstände ab und zeigt, wie Lügner gerade im politischen Bereich sich die zunutze machen:

> Lügen erscheinen dem Verstand häufig viel einleuchtender und anziehender als die Wirklichkeit, weil der Lügner den großen Vorteil hat, im voraus zu wissen, was das Publikum zu hören wünscht. Er hat seine Schilderung für die Aufnahme durch die Öffentlichkeit präpariert und sorgfältig darauf geachtet, sie glaubwürdig zu machen, während die Wirklichkeit die unangenehme Angewohnheit hat, uns mit dem Unerwarteten zu konfrontieren, auf dass wir nicht vorbereitet waren.

Schließlich das letzte Zitat, das die Bedeutung der Wahrheit und ihrer Verankerung an Tatsachen – an dem, wie es ist oder nicht ist – gerade im politischen Bereich betont. Es stammt aus Arendts großem Werk *Elemente und Ursprünge totaler Herrschaft*, in dem sie nicht umsonst einen ganzen Abschnitt der Propaganda widmet.

> Bevor die Massenführer die Macht in die Hände bekommen, die Wirklichkeit ihren Lügen anzugleichen, zeichnet sich ihre Propaganda durch bemerkenswerte Verachtung für Tatsachen überhaupt aus. In dieser Verachtung drückt sich bereits die Überzeugung aus, dass Tatsachen nur von dem abhängen, der die Macht hatte, sie zu etablieren.

Dieser Verachtung für Tatsachen kann man heute in zunehmendem Maße begegnen, deshalb sollte man dieses Zitat von Arendt als deutliche Warnung ansehen: Wir müssen die Wahrheit verteidigen und auf ihr bestehen.

Quellen

5 **Eine Notlüge ist …** Karl Kraus, *Aphorismen. Sprüche und Widersprüche. Pro domo et mundo. Nachts*, Frankfurt am Main 1986.

6 **ein bis zwei Lügen …** Bella M. DePaulo et al, »Lying in Everyday Life«, *Journal of Personality and Social Psychology* 70 (1996), S. 979–995.

6 **1,75 Lügen in …** Robert S. Feldmann, James A. Forrst, Benjamin R. Happ, »Self-Presentation and Verbal Deception: Do Self-Presenters Lie More?«, *Basic and Applied Psychology* 24 (2002), S. 163–170.

6 **200-mal am Tag …** So James Geary, »How To Spot A Liar«, *Time Europe*, 13. März 2000, Vol. 155, No. 10. Geary zitiert dabei den Sozialpsychologen Jerald M. Jellison von der University of Southern California (den er allerdings »Gerald Jellison« nennt).

6 **ist ein anderes Thema …** Das beruht vermutlich zu einem großen Teil auf unterschiedlichen Versuchskonstellationen, wie der Auswertung von Videoaufnahmen von Gesprächen versus eigene Tagebuchaufzeichnungen der Probanden; mehr dazu in Rainer Erlinger, *Nachdenken über Moral*, Frankfurt am Main 2012, S. 14.

10 **Wenn ich ihm diene …** *Othello*, 1. Akt, 1. Szene (dies und alle weiteren Shakespeare-Zitate nach der Übersetzung von Schlegel/Tieck).

11 **Nimm Deine Wahrheit …** *König Lear*, 1. Akt, 1. Szene.

12 **Wozu den Schwestern …** Ebenda.

13 **Denn das klarste …** Hannah Arendt, »Wahrheit und Politik«, in: *Wahrheit und Lüge in der Politik*, München 2013, S. 84.

15 **Ob sie, ein allgemein …** *Othello*, 1. Akt, 2. Szene.

18 **Capulet! Montague! Seht …** *Romeo und Julia*, 5. Akt, 3. Szene.

19 **Ein jedes Glied …** a. a. O., 4. Akt, 1. Szene.

20 **nach ihrem Schweregrad …** Augustinus, Aurelius, *De mendacio*, 42. Deutsche Übersetzung hier und im Folgenden, soweit nicht anders vermerkt: *Über die Lüge und Gegen die Lüge*. Übertragen und erläutert von P. Keseling, Würzburg, 1953.

22 **Man darf niemals …** Ebenda.

22 **Jede Wahrheit ist …** Eberhard Schockenhoff, *Zur Lüge verdammt?*, Freiburg im Breisgau, 2. Aufl., 2005, S. 47, bei Fn. 16, dort unter Verweis auf: A. A., *Confessiones* III,

6,10; VII, 10,16 und X, 40,65. CCL 32, 31 f.: 103 f. und 190 f.

22 **Es gibt keine ...** Augustinus, Aurelius, *Contra mendacium*, 4. Deutsche Übersetzung wie bei *De mendacio*. Bei Keseling lautet der Anfang: »Keine Lüge gibt es ja«.

25 **Es reicht zum Alter ...** Sophokles, *Akrisios*, zitiert nach: *Des Sophokles Tragödien*, übersetzt von Karl Wilhelm Ferdinand Solger, Erster Teil Berlin 1837, S. 197.

26 **In seiner Kurzgeschichte ...** Jean-Paul Sartre, *Die Mauer*, Reinbek bei Hamburg 1973, S. 9 ff.

28 **Die Lüge ist offensichtlich ...** Aurelius Augustinus, *De mendacio*, 5: »Enuntiationem falsam cum voluntate ad fallendum prolatam manifestum est esse mendacium«, zitiert nach: Eberhard Schockenhoff, *Zur Lüge verdammt?* Freiburg im Breisgau 2. Aufl., 2005, S. 51, bei Fn. 32, dort unter Verweis auf die Übersetzung von Keseling.

29 **Die Lüge ist eine unrichtige ...** Aurelius Augustinus, *Contra mendacium*, 26: »Mendacium es quippe falsa significatio cum voluntate fallendi«, zitiert nach: Schockenhoff, a.a.O., S. 51, bei Fn. 33.

30 **Nicht jeder, der ...** Aurelius Augustinus, *De mendacio*, 3.

31 **Man darf ja ...** Ebenda.

31 **Daher spricht man ...** Ebenda.

31 **Ein kluger lieber Freund ...** Ihm zu Ehren habe ich die Idee der Spiegelung in der ethischen Betrachtung »Philipps'sche Spiegelung« genannt. Siehe Rainer Erlinger, *Nachdenken über Moral*, a.a.O., S. 144 ff.

32 **Es kann sein ...** Immanuel Kant, Verkündigung des nahen Abschlusses eines Tractats zum ewigen Frieden in der Philosophie. Akademie-Ausgabe, Band VIII, S. 421 f.

33 ***Historischen Wörterbuch der Philosophie* ...** J. Szaiif, U. Thurnherr, »Wahrhaftigkeit«, in: Joachim Ritter, Karlfried Gründer und Gottfried Gabriel (Hrsg.), *Historisches Wörterbuch der Philosophie*, Bd. 12, Basel 2004, Spalte 42–48.

34 **Ein Mann ruft ...** Ein Paar aus Mann und Frau tritt hier nicht aus Heteronormativität auf, sondern weil es für die Leser besser zu verfolgen ist als »Ehepartner 1« und »Ehepartner 2«.

36 **Eine Lüge aber ...** Immanuel Kant, »Verkündigung des nahen Abschlusses eines Tractats zum ewigen Frieden in der Philosophie«. Akademie-Ausgabe, Band VIII, S. 421 f.

37 **Der britischen Journalistin ...** https://www.theguardian.com/commentisfree/2008/jun/20/transport.religion.

38 **Dawkins hatte »There ...** https://www.theguardian.com/science/2008/oct/25/richard-dawkins-religion-science-books.

39 **Das Thema dieses ...** Bernard Williams, *Wahrheit und Wahrhaftigkeit*, Frankfurt am Main 2013, S. 38.

40 **Es handelt sich ...** Bernard Williams, *Der Wert der Wahrheit*, Wien 1998, S. 17 f.

44 **Oberverwaltungsgericht Lüneburg ...** Niedersächsisches OVG, Beschluss vom 6.1.2000, AZ 4 M 25/00, 4 M 47/00.

45 **Verwaltungsgericht Hannover ...** VG Hannover, Urteil vom 13.11.2002, AZ 7 A 4735/02.

47 **Das bewusste Streben ...** Williams, *Wahrheit und Wahrhaftigkeit*, a.a.O., S. 190 f.

48 **Hier, bei den ...** Vertiefend dazu empfehlenswert: Thomas Grundmann, *Philosophische Wahrheitstheorien*, Stuttgart, 2018; Julian Baggini, *A Short History of Thruth*, London 2017; Simon Blackburn, *Thruth*, London 2017.

49 **Truth isn't truth ...** Zitiert nach: https://edition.cnn.com/2018/08/19/politics/rudy-giuliani-truth-isnt-truth/index.html (Übersetzung RE).

49 **Auf jeden Fall ...** Harry G. Frankfurt, *Über die Wahrheit*, München 2006, S. 12.

50 **Jeder sollte den Vertretern ...** Williams, *Wahrheit und Wahrhaftigkeit*, a.a.O., S. 23.

53 **Einst träumte Zhuāng Zhōu ...** Dschuang Dsï, *Das wahre Buch vom südlichen Blütenland*. In der Übersetzung von Richard Wilhelm, Düsseldorf/Köln 1972, S. 51–52.

54 **Erlebnismaschine« (experience machine) ...** Robert Nozick, *Anarchie, Staat, Utopia*, München 2011.

56 **Nehmen wir an ...** Frankfurt, *Über die Wahrheit*, a.a.O., S. 26.

56 **Niemand, der bei ...** Ebenda, S. 26 f.

57 **Wenn ich etwas weiß ...** Michael P. Lynch, *True ot Life. Why Truth Matters*, Cambridge, Mass., 2004, S. 10 (Übersetzung RE).

58 **In ihrer Vorlesung ...** Hannah Arendt, *Sokrates. Apologie der Pluralität*, Berlin 2016.

58 **Und so wie ...** Ebenda, S. 49.

59 **Eine absolute Wahrheit ...** Ebenda, S. 54.

61 **Nein, es ist nicht ...** https://www.sueddeutsche.de/politik/mueller-untersuchung-trump-anwalt-giuliani-wahrheit-ist-nicht-wahrheit-1.4097653.

62 **Zu sagen nämlich ...** Aristoteles, *Metaphysik* 1011b 26 ff., Reinbek bei Hamburg 1994.

62 **Menschlich gesprochen ...** »Vérité: Humainement parlant, définissons la vérité, en attendant mieux, ce qui est énoncé tel qu'il est.« Voltaire, *Dictionnaire Philosophique*, Genf 1764.

67 **Lügen zerstört die ...** Anders sieht das Simone Dietz in ihrem dennoch sehr empfehlenswerten Buch *Die Kunst des Lügens*, Reinbek bei Hamburg 2003.

69 **So beruht mithin ...** Rudolf von Jhering, *Der Zweck im Recht*, Zweiter Band, Leipzig 1883, S. 601.

69 **Gefährdung des öffentlichen ...** Ebenda, S. 603.

71 **Die größte Verletzung ...** Immanuel Kant, *Die Metaphysik der Sitten*, Akademie-Ausgabe, Band VI, S. 429.

73 **Es gibt zwischen ...** Dieser Frage habe ich in meinem Buch *Höflichkeit. Vom Wert einer wertlosen Tugend* (Frankfurt am Main 2016) ein ganzes Kapitel gewidmet: »Das Kompliment. Höflichkeit und Lüge«.

74 **Wir müssen in der ...** Michael P. Lynch, *True to Life*, Cambridge, Mass., 2005, S. 153 (Übersetzung RE).

74 **Niemand, der bei ...** Frankfurt, *Über die Wahrheit*, a.a.O., S. 26 f.

77 **Der Betrogene begreift ...** Williams, *Wahrheit und Wahrhaftigkeit*, a.a.O., S. 183.

78 **Text für das Magazin ...** Jill Lepore, »After The Fact. In the history of truth, a new chapter begins«, *The New Yorker*, 21. März 2016, https://www.newyorker.com/magazine/2016/03/21/the-internet-of-us-and-the-end-of-facts.

81 **vertritt er die These ...** Michel Foucault, *Power/Knowledge, Selected Interviews and Other Writings 1972–1977*, hg. von Colin Gordon, New York 1980, S. 109 ff., 131 ff.

82 **Obwohl er ein ...** Michel Foucault, *Die Wahrheit und die juristischen Formen*, Frankfurt am Main 2003, S. 52.

83 **Diese große Errungenschaft ...** Ebenda, S. 53.

84 **In diesem System ...** Ebenda, S. 58.

84 **Wer aus diesem Zweikampf ...** Ebenda, S. 60.

85 **durch die Untersuchung (enquête) ...** Die Ausführungen zur Rechtsgeschichte speisen sich vollständig aus Foucault, *Die Wahrheit und die juristischen Formen*.

87 **Wenn's der Wahrheitsfindung ...** Marco Carini, *Fritz Teufel. Wenn's der Wahrheitsfindung dient*, Hamburg 2003, S. 81 ff., insbesondere S. 84.

89 **In einer Wahlkampfrede ...** https://abcnews.go.com/Politics/destroy-great-man-trump-doubles-defense-kavanaugh/story?id=58205160.

89 **mit hoher Wahrscheinlichkeit ...** https://www.zeit.de/politik/ausland/2018-11/fall-khashoggi-saudi-arabien-cia-analyse-mohammed-bin-salman.

90 **Do you know what ...** https://edition.cnn.com/2018/07/16/politics/21-lines-donald-trump-vladimir-putin-summit/index.html.

90 **Das bewies die ...** Foucault, a. a. O., S. 58.

91 **... nur noch 14 Prozent ...** GfK Verein, Weltweites Ranking: Vertrauensvolle Berufe, März 2018, https://www.gfk-verein.org/compact/fokusthemen/weltweites-ranking-vertrauenswuerdige-berufe.

92 **In den ersten 100 ...** Fact Checker (Glenn Kessler, Salvador Rizzo and Meg Kelly), »President Trump has made 4,229 false or misleading claims in 558 days", *The Washington Post* 1.8.2018, https://www.washingtonpost.com/news/fact-checker/wp/2018/08/01/president-trump-has-made-4229-false-or-misleading-claims-in-558-days/.

92 **Vor den Midterms ...** Fact Checker (Glenn Kessler, Salvador Rizzo and Meg Kelly), »President Trump has made 6,420 false or misleading claims over 649 days", *The Washington Post* 2.11.2018, https://www.washingtonpost.com/politics/2018/11/02/president-trump-has-made-false-or-misleading-claims-over-days/.

92 **... 125 falschen oder irreführenden ...** Fact Checker (Glenn Kessler, Salvador Rizzo and Meg Kelly), »President Trump has made more than 5,000 false or misleading claims«, *The Washington Post* 13.9.2018, https://www.washingtonpost.com/politics/2018/09/13/president-trump-has-made-more-than-false-or-misleading-claims/.

93 **... am 23. August 2018 ...** https://www.washingtonpost.com/politics/2018/08/23/not-just-misleading-not-merely-false-lie/.

93 **... 91 Prozent der »Strong ...** https://www.cbsnews.com/news/trump-backers-stand-by-president-in-face-of-russia-criticism-cbs-poll/.

94 **Der Wahrheit nun ...** *Nomoi*, 5. Buch, 61, 730c 1 f., übersetzt von Otto Apelt, Leipzig 1916.

94 **Aber auch die Wahrheit ...** *Politeia*, 3. Buch, 40, 389b 1 ff., in der klassischen Übersetzung von Friedrich Schleiermacher, Reinbek bei Hamburg 1994.

95 **Zitat des damaligen ...** https://www.welt.de/politik/deutschland/article153706898/De-Maiziere-bereut-Ein-Teil-dieser-Antworten.html.

97 **Umfragen zeigen ...** https://de.statista.com/infografik/7605/braucht-ihr-land-einen-starken-fuehrer/ oder https://de.statista.com/infografik/11563/befuerwor-

tung-eines-starken-fuehrers/. Erschreckenderweise besonders in Österreich: https://www.sueddeutsche.de/politik/studie-viele-oesterreicher-wuenschen-sich-einen-starken-fuehrer-1.3470914.

100 **warnende Stimmen …** David Frum, »How to Build an Autocracy«, *The Atlantic*, März 2017, https://www.theatlantic.com/magazine/archive/2017/03/how-to-build-an-autocracy/513872/.

101 **Ein gutes Beispiel …** https://www.washingtonpost.com/politics/2018/09/04/transcript-phone-call-between-president-trump-journalist-bob-woodward/ (Übersetzungen im Folgenden: RE).

104 **soll ein Interview stehen …** »And I could give you 100 pictures of him and Comey hugging and kissing each other«, https://dailycaller.com/2018/09/05/full-transcript-trump-daily-caller-interview/ (Übersetzung RE).

104 **die liberale Nachrichtenseite *Vox* …** Jen Kirby, »Trump claims he has 100 photos of Comey and Mueller ›kissing.‹ We tried to find some«, https://www.vox.com/2018/9/5/17823824/trump-claims-he-has-100-photos-of-comey-and-mueller-kissing-we-tried-to-find-some.

105 **Tony Schwartz. Er …** Jane Mayer, »Trump's Boswell Speaks«, *The New Yorker*, 25. Juli 2016, https://www.newyorker.com/magazine/2016/07/25/donald-trumps-ghostwriter-tells-all (Übersetzung RE).

107 **Harry G. Frankfurt …** Harry G. Frankfurt, *Bullshit*, Frankfurt am Main 2006.

107 **Zu den auffälligsten …** a. a. O., S. 9.

107 **Gerade in dieser …** a. a. O., S. 40.

108 **Niemand kann lügen …** a. a. O., S. 62 f.

110 **Tatsächlich neigen die …** a. a. O., S. 57 f.

113 **Bullshitter in Chief …** Matthew Yglesias, »The Bullshitter-in-Chief«, *Vox*, 30.5.2017, https://www.vox.com/policy-and-politics/2017/5/30/15631710/trump-bullshit.

114 **Bullshit ist immer dann …** Frankfurt, *Bullshit*, a.a.O, S. 70 f.

117 **die Statistik, dass …** Deutsche Krebsgesellschaft, Rauchen – Zahlen und Fakten, 23.5.2018, https://www.krebsgesellschaft.de/onko-internetportal/basis-informationen-krebs/bewusst-leben/rauchen-zahlen-und-fakten.html.

117 **Eine aktuelle Untersuchung …** Brian Schaffner, Samantha Luks, »This is what Trump voters said when asked to compare his inauguration crowd with Obama's«, *The Washington Post*, 25.1.2017, https://www.washington-

post.com/news/monkey-cage/wp/2017/01/25/we-asked-people-which-inauguration-crowd-was-bigger-heres-what-they-said/.

119 **In einer anderen Studie ...** Baekgaard, M., Christensen, J., Dahlmann, C., Mathiasen, A., & Petersen, N. (2017), »The Role of Evidence in Politics: Motivated Reasoning and Persuasion among Politicians«, *British Journal of Political Science*, S. 1–24.

120 **Die Wissenschaftler führten ...** https://qz.com/1059352/researchers-have-shown-that-politicians-dont-let-facts-get-in-the-way-of-their-beliefs/.

120 **An der Universität von ...** Jonas T. Kaplan, Sarah I. Gimbel & Sam Harris, »Neural correlates of maintaining one's political beliefs in the face of counterevidence«, *Nature Scientific Reports* Vol. 6, Article number: 39589 (2016), https://rdcu.be/7VrW.

121 **›Das habe ich getan‹ ...** Friedrich Nietzsche, *Jenseits von Gut und Böse*, Viertes Hauptstück. Sprüche und Zwischenspiele, *Werke in drei Bänden*, München 1954, Band 2, S. 625–626.

122 **At Least Bias is ...** Peter H. Ditto et al., »At Least Bias Is Bipartisan: A Meta-Analytic Comparison of Partisan Bias in Liberals and Conservatives«, *Perspectives on Psychological Science* 2018, S. 1–19.

122 **Untersuchungen in den USA ...** Siehe etwa https://www.theatlantic.com/science/archive/2017/02/why-fake-news-targeted-trump-supporters/515433/; Vidya Narayanan et al., »Polarization, Partisanship and Junk News Consumption over Social Media in the US«, Data Memo 2018.1, Oxford, UK: Project on Computational Propaganda, https://comprop.oii.ox.ac.uk/research/polarization-partisanship-and-junk-news/; https://www.washingtonpost.com/news/wonk/wp/2016/12/07/why-conservatives-might-be-more-likely-to-fall-for-fake-news/.

122 **Gefahren und negativen Informationen ...** Daniel M. T. Fessler, Anne C. Pisor, and Colin Holbrook, »Political Orientation Predicts Credulity Regarding Putative Hazards«, *Psychological Science* 28, 5 (2017), S. 651–660; Hibbing, John R., Smith, Kevin B., and Alford, John R., »Differences in negativity bias underlie variations in political ideology«, *Behavioral and Brain Sciences* 37, 3 (Juni 2014), S. 297–307.

123 **Wahrhaftigkeit bildet also ...** Rudolf von Jhering, *Der Zweck im Recht*, a. a. O., S. 602.

125 **Wo Tatsachen konsequent ...** Hannah Arendt, »Wahrheit und Politik«, in: *Wahrheit und Lüge in der Politik*, München 2013, S. 83.

126 **Der ideale Untertan ...** Hannah Arendt, *The Origins of Totalitarianism*, San Diego 1968 S. 474 (Übersetzung RE).

132 **Das Thema dieses ...** Bernard Williams, *Wahrheit und Wahrhaftigkeit*, a. a. O., S. 38.

133 **Faulheit und Feigheit ...** Immanuel Kant, *Beantwortung der Frage: Was ist Aufklärung*, Akademie-Ausgabe, Band VIII, S. 34.

134 **In einem Fernsehinterview ...** *Zur Person. Günter Gaus im Gespräch*, Sendung vom 28.10.1964. Die Sendung kann man als Video online sehen. Das Transskript findet sich unter: https://www.rbb-online.de/zurperson/interview_archiv/arendt_hannah.html.

134 **Lügen erscheinen ...** Hannah Arendt, »Die Lüge in der Politik«, in: *Wahrheit und Lüge in der Politik*, a. a. O., S. 10.

135 **Bevor die Massenführer ...** Hannah Arendt, *Elemente und Ursprünge totaler Herrschaft*, München, 7. Aufl. 2000, S. 742.

D C B A
Bibliographisches Institut GmbH, Mecklenburgische Straße 53, 14197 Berlin

Redaktion Dr. Ludger Ikas
Herstellung Alina Rieger
Layout, Satz und Umschlaggestaltung
Schimmelpenninck.Gestaltung, Berlin
Umschlagabbildung Schimmelpenninck.Gestaltung, Berlin
Druck und Bindung CPI books GmbH, Birkstraße 10, 25917 Leck
Printed in Germany

ISBN 978-3-411-75633-9
Auch als E-Book erhältlich unter: ISBN 978-3-411-91271-1
www.duden.de